Melhem Adas

A FOME
CRISE OU ESCÂNDALO?

Bacharel e licenciado em Geografia pela Pontifícia Universidade Católica de São Paulo. Autor de livros didáticos de Geografia para o Ensino Fundamental e Ensino Médio. Professor do Ensino Fundamental, Médio e Superior da rede pública e privada do estado de São Paulo.

3ª edição
São Paulo, 2014

MODERNA

COORDENAÇÃO EDITORIAL Lisabeth Bansi
ASSISTÊNCIA EDITORIAL Patrícia Capano Sanchez
PREPARAÇÃO DE TEXTO Ana Catarina Ferreira Nogueira
COORDENAÇÃO DE EDIÇÃO DE ARTE Camila Fiorenza
CAPA Paola Lopes
IMAGEM DE CAPA ©Tasso Marcelo/Estadão Conteúdo
DIAGRAMAÇÃO Michele Figueredo
PESQUISA ICONOGRÁFICA Mariana Veloso Lima e Lourdes Guimarães
COORDENAÇÃO DE REVISÃO Elaine C. del Nero
REVISÃO Adriana C. Bairrada
COORDENAÇÃO DE BUREAU Américo Jesus
TRATAMENTO DE IMAGENS Arleth Rodrigues
PRÉ-IMPRESSÃO Alexandre Petreca
COORDENAÇÃO DE PRODUÇÃO INDUSTRIAL Arlete Bacic de Araújo Silva
IMPRESSÃO E ACABAMENTO Brasilform Editora e Ind. Gráfica

Dados Internacionais de Catalogação na Publicação (CIP)
(Câmara Brasileira do Livro, SP, Brasil)

Adas, Melhem, 1938
A fome : crise ou escândalo? / Melhem Adas. –
3. ed. – São Paulo : Moderna, 2014. –
(Coleção polêmica)

Bibliografia.

ISBN 978-85-16-09151-4

1. Alimentação 2. Áreas subdesenvolvidas - Fome
3. Fome - Aspectos sociais 4. Fome - Brasil
5. Geografia econômica I. Título. II. Série.

13-13720 CDD-363.8

Índices para catálogo sistemático:
1. Fome : Problemas sociais 363.8

DE ACORDO COM AS NOVAS NORMAS ORTOGRÁFICAS

EDITORA MODERNA LTDA.
Rua Padre Adelino, 758 - Belenzinho
São Paulo - SP - Brasil - CEP 03303-904
Vendas e Atendimento: Tel. (11) 2790-1300
Fax (11) 2790-1501
www.modernaliteratura.com.br
2014

Impresso no Brasil

Aos meus netos Tatiana, Natália, Arthur, Victória, Beatriz, Ana Clara e Samuel, com a esperança de um mundo melhor, mais justo e solidário.

Sumário

Introdução

> Onze milhões de crianças de menos de 5 anos morrem anualmente, e temos um total de mais de 800 milhões de esfomeados.
> Esse ritmo de mortalidade de crianças é dez vezes superior ao do genocídio de judeus durante a Segunda Guerra Mundial[1].

A existência da fome no mundo contemporâneo é uma vergonha para a humanidade. É um flagelo, um grande genocídio. Violenta, mutila e aniquila milhões de homens, mulheres e crianças em todo o mundo, principalmente nos países subdesenvolvidos (leia os textos das páginas 15 e 16: "Países em desenvolvimento, subdesenvolvidos ou...?).

Segundo a FAO (Organização das Nações Unidas para Alimentação e Agricultura), em 2012, 870 milhões de pessoas dormiam todas as noites sem ter ingerido alimentos em quantidade e qualidade suficientes para manter a saúde de seu organismo. Desse total, aproximadamente 200 milhões eram crianças e 11 milhões delas morriam anualmente com menos de 5 anos, de fome ou de doenças dela decorrentes.

A maioria dessas crianças poderia ser salva se elas tivessem as condições mínimas de alimentação e os cuidados médicos e sanitários básicos. Desgraçadamente, no entanto, elas fazem parte do contingente silencioso e desprotegido. Pertencem a um mundo que não respeita os direitos da infância, aliás, que não respeita os direitos que todo ser humano tem de viver condignamente.

---

[1] Ladislau Dowbor. In: Minayo, Maria Cecília de Souza (org.) *Raízes da fome*. Petrópolis, Vozes/Ibase, 1985, p. 79-80 (com atualização dos dados pelo autor deste livro).

Apesar do extraordinário desenvolvimento científico e tecnológico, a civilização contemporânea não superou o drama da fome, o que é, portanto, entre outros, um verdadeiro paradoxo ou contradição do nosso tempo. Ao contrário, as condições de vida em muitos países se deterioraram nos últimos anos. Há um grande contingente de miseráveis e despossuídos. Milhões de seres humanos vivem em estado de pobreza absoluta, pois sua renda é tão baixa que ficam impedidos de ter uma alimentação diária satisfatória, condenados, portanto, a uma crônica desnutrição. No Brasil, por exemplo, segundo o Pnad (Pesquisa Nacional por Amostra de Domicílios), do IBGE (Instituto Brasileiro de Geografia e Estatística), em 2011, 20,8% das famílias possuíam rendimento[2] mensal *per capita* igual ou inferior a meio salário mínimo (até um quarto de salário mínimo, 6,7%, e mais de um quarto a meio, 14,1%) — veremos a implantação dos programas Bolsa Família e Brasil Sem Miséria do Governo Federal no último capítulo. Viviam, portanto, em condição de indigência e pobreza, num país que "orgulhosamente" se coloca entre os dez de maior PIB (Produto Interno Bruto) do mundo.

A expectativa de vida em muitos países é bastante baixa, inferior a 60 anos, o que representa uma séria violação do direito que todo ser humano tem de viver o maior tempo possível.

Diante dessa realidade brutal, cabe, então, perguntar: como se pode permitir tal vergonha, tal situação deplorável e injusta? Como se pode aceitar que a opulência e o desperdício exagerado de alguns coexistam com a miséria e a escassez de outros? Sem mencionar que tudo isso ocorre num mundo onde somente a produção de grãos já bastaria para

---

[2] Em seu sentido comum, rendimento corresponde à renda proveniente de qualquer atividade profissional por um determinado período, ou ainda a ganhos resultantes do trabalho. Neste livro, empregaremos os termos "renda" e "rendimento" como equivalentes ou sinônimos. Quando se tratar de "rendimento da terra", esse rendimento corresponde à produtividade, ou seja, ao total obtido da colheita de um produto por hectare cultivado.

assegurar à população mundial mais de 2 000 calorias e os 65 gramas de proteínas de que cada pessoa necessita diariamente.

O propósito deste livro é contribuir para a discussão dessa vergonhosa, escandalosa e injusta situação. Dizemos isso porque se sabe que a fome é uma criação humana. Não resulta de condições naturais adversas. Tampouco é consequência do maior crescimento populacional dos países subdesenvolvidos, pois no mundo desenvolvido parcelas de sua população também conhecem esse flagelo.

> (...) É verdade, naturalmente, que o crescimento populacional implica necessariamente um ônus para qualquer economia, se não por outras razões, ao menos porque os seres humanos vêm a este mundo primeiro como consumidores e só mais tarde como produtores. Mas seria loucura parar neste ponto de análise[3]. (...)

Cumpre lembrar, também, que a fome não decorre do fato amplamente difundido de que "o pobre não sabe alimentar-se". Essas ideias são bastante divulgadas e largamente utilizadas para mascarar as reais causas da fome.

A fome não é somente um grande problema biológico, é fundamentalmente um sério problema político, econômico e social. É, na verdade, a expressão biológica de uma doença social, como destacou o cientista social Josué de Castro[4]. É fruto da distribuição injusta e desigual da

---

[3] Singer, Paul. *Dinâmica populacional e desenvolvimento*: o papel do crescimento populacional no desenvolvimento econômico. São Paulo, Cebrap, 1970. p. 19.

[4] De modo geral, as últimas gerações de brasileiros não ouviram falar de Josué de Castro. Médico, sociólogo, geógrafo, nasceu em Pernambuco em 1908. Desde cedo, teve suas preocupações voltadas para a questão da fome no Brasil e no mundo. Em 1946, publicou *Geografia da fome*, livro que foi um marco importante no estudo e no desnudamento dessa triste realidade. Após esse, vieram muitos outros, como *Geopolítica da fome* e *O livro negro da fome*. Seus livros foram traduzidos em mais de 25 idiomas e reconhecidos como contribuições importantíssimas para o estudo das causas da fome ou de suas implicações sociais, econômicas e políticas. Foi fundador e membro de várias organizações nacionais e internacionais ligadas à questão da fome. Ocupou a presidência da FAO, de 1952 a 1956. Em 1964, quando embaixador do Brasil nos Órgãos das Nações Unidas, em Genebra, teve seus direitos políticos cassados pelo regime autoritário instalado no Brasil, com o golpe de estado desse ano. Faleceu em 1973, na França, onde se encontrava exilado, mas em plena atividade docente na Universidade de Paris.

riqueza, do difícil acesso à terra e de muitas outras questões que são abordadas neste livro.

Esperamos com este trabalho contribuir para desvelar a realidade que envolve a questão e tornar o tema da fome mais conhecido e debatido. Uma vez alcançados esses propósitos, cabe a todos nós combater e erradicar esse flagelo.

1. A fome: o que é e suas consequências

É PRECISO QUE O NOSSO SANGUE SE INFLAME
E QUE NOS INCENDIEMOS
PARA QUE OS ESPECTADORES SE COMOVAM
E O MUNDO ABRA ENFIM OS OLHOS
NÃO SOBRE NOSSOS DESPOJOS
MAS SOBRE AS CHAGAS DOS SOBREVIVENTES[5].

Fome, desnutrição e insegurança alimentar: conceitos

Todos nós conhecemos a fome, principalmente aquela resultante da sensação de "vazio no estômago". Ou, ainda, como o conjunto de sensações provocadas pela privação de nutrientes que impele o ser humano e outros animais a procurar os alimentos e que cessa com a ingestão destes.

Entretanto, a fome de que trata este livro significa a situação em que uma pessoa ou uma população sofre, de forma duradoura, de insuficiência de alimentação em quantidade e/ou qualidade que lhe forneçam as calorias (energia) e os nutrientes necessários à vida e à saúde do seu organismo.

[5] Kateb Yacine, citado no artigo de Agarwal, Anil. "Fome, população, ambiente". *Correio da Unesco*, ano 10, n.10 e 11, out./nov. 1982. p. 25.

Nesse sentido, a expressão *fome* passou a ser mais utilizada a partir dos estudos de Josué de Castro, nos anos de 1940. Seus trabalhos levantaram questões sociais, políticas e econômicas que envolvem a problemática da fome e a sua existência em escala planetária. Até então, os estudos da desnutrição e subnutrição estavam circunscritos à área médica.

Ao utilizar a expressão *fome* para referir-se a essa situação vergonhosa e escandalosa que aflige multidões em todo o mundo, Josué de Castro foi criticado e censurado por aqueles que desejavam que se falasse em desnutrição e subalimentação, e não em fome. Achavam o termo muito forte, contundente, incômodo, ou, pelo menos, pouco recomendável para ser tratado publicamente. Afinal, os estudos de Josué de Castro eram uma firme denúncia às injustiças criadas pelo sistema capitalista em seus cinco séculos de existência. Sistema que ainda continua a privar multidões em todo o mundo do direito mais fundamental, que é o de alimentar-se adequadamente.

Nos anos 1970, a expressão *segurança alimentar*, que esporadicamente era utilizada desde a década de 1950, consolidou-se amplamente nos estudos e nas referências às populações que sofrem de insuficiência alimentar. Essa expressão nasceu, originalmente, na Europa, durante a Primeira Guerra Mundial (1914-1918). Entretanto, sua noção estava estreitamente relacionada à questão da segurança nacional, ou seja, à necessidade de os países serem capazes de produzir seus próprios alimentos, como forma de evitar uma crise de abastecimento alimentar resultante de cercos militares ou mesmo de boicotes de ordem política. Seu conceito, portanto, não estava relacionado à desnutrição/fome existente em períodos normais, isto é, de inexistência de guerra.

Resgatada na década de 1950, mas com outro sentido, o conceito dessa expressão foi se ampliando ao longo dos anos. Segundo a Declaração de Roma sobre Segurança Alimentar Mundial[6], segurança alimentar é entendida como "Alimento disponível em todo momento, ao qual todas as pessoas têm acesso adequado em termos nutricionais (quantidade, qualidade e variedade), e aceitável em cada contexto cultural".

A noção de segurança alimentar está relacionada ao papel do Estado. Este tem o dever de implementar políticas públicas e reformas estruturais (reforma agrária, geração de empregos, distribuição de renda, incentivo à agricultura familiar etc.) que visem assegurar o direito à alimentação adequada a todas as pessoas sob sua jurisdição. Esse conceito foi abraçado por vários países e tem impelido muitos deles a elaborarem planos de ação de combate à fome, como é o caso do Brasil, com o projeto "Fome Zero — Uma proposta de política de segurança alimentar", do primeiro governo Luiz Inácio Lula da Silva (2003-2006), que veremos no último capítulo.

A segurança alimentar permite que se fale, também, em *insegurança alimentar*, ou seja, uma população que não tenha acesso à quantidade, qualidade e variedade de alimentos necessários à sua alimentação e à manutenção da saúde padece de insegurança alimentar. São pessoas forçadas a viver com uma dieta inferior à necessária e que frequentemente padecem de problemas físicos e mentais.

Apesar de especialistas em nutrição diferenciarem fome e desnutrição (leia o texto a seguir, "Fome e desnutrição"), consideraremos neste livro essas expressões, bem como insegurança alimentar, indistintamente, ou seja, referindo-nos à situação em que pessoas, famílias ou populações possuem carências alimentares ou privações de ingestão de alimentos, seja de ordem quantitativa ou qualitativa. Entretanto, distinguiremos a seguir dois tipos de fome, tendo como critério o tipo

[6] A declaração foi emitida ao final da Cúpula Mundial da Alimentação, patrocinada pela FAO em novembro de 1996.

de carência: a energética ou calórica e a de proteínas, vitaminas e sais minerais.

Fome e desnutrição

> (...) Têm fome aqueles cuja alimentação diária não aporta a energia requerida para a manutenção do organismo e para o exercício das atividades ordinárias do ser humano. Sofrem de desnutrição os indivíduos cujos organismos manifestam sinais clínicos provenientes da inadequação quantitativa (energia) ou qualitativa (nutrientes) da dieta ou decorrentes de doenças que determinem o mau aproveitamento biológico dos alimentos ingeridos.
>
> (...) Fome e desnutrição tampouco são conceitos equivalentes uma vez que, se toda fome leva obrigatoriamente à desnutrição, nem toda desnutrição se origina da deficiência energética das dietas, sobretudo na população infantil[7].

Tipos de fome

A fome energética ou calórica é entendida como a incapacidade de a ração alimentar diária ingerida por uma pessoa fornecer as calorias equivalentes à energia gasta pelo organismo nos trabalhos realizados.

Pode-se entender esse tipo de fome da seguinte forma: os alimentos diferem entre si por uma série de características: forma, odor, paladar, cor, composição química etc. Diferem, ainda, quanto à capacidade que têm de fornecer caloria, isto é, capacidade de produção energética

[7] Monteiro, Carlos Augusto. A dimensão da pobreza, da fome e da desnutrição no Brasil. In: *Estudos Avançados*, v. 9, n. 24, São Paulo, Instituto de Estudos Avançados da USP, maio/ ago. 1995. p.195.

para o organismo. Todos os alimentos que ingerimos são transformados pelo nosso organismo em energia, e é essa energia que nos possibilita desempenhar as nossas atividades diárias. Assim, uma boa alimentação requer, entre outros fatores, que os alimentos ingeridos sejam suficientes para fornecer a energia equivalente àquela despendida pelo organismo nos trabalhos realizados.

A necessidade calórica diária varia de pessoa para pessoa e depende do peso corporal, do clima, do modo de vida, da idade, do tipo de trabalho, do sexo etc. A mulher grávida, por exemplo, consome mais energia nessa condição, pois precisa criar reserva para o feto; um trabalhador braçal tem necessidade de mais energia que um trabalhador intelectual, e assim por diante.

Existem divergências quanto ao total de calorias diárias necessárias a um indivíduo. Alguns especialistas admitem 3.000 calorias. Outros, argumentando que a vida moderna, devido à mecanização do trabalho e a outras facilidades, exige menor dispêndio de energia, afirmam que seriam necessárias apenas 2.200 calorias. No entanto, nas sociedades industrializadas é comum o consumo de 4.000 calorias ou mais por dia (um verdadeiro desperdício). Enquanto o mundo industrializado tem um superconsumo, o que, por sua vez, causa problemas de saúde — a obesidade, por exemplo, com todas as suas consequências —, nos ditos países em desenvolvimento e nos menos desenvolvidos, grandes contingentes populacionais apresentam subconsumo.

Países em desenvolvimento, subdesenvolvidos ou...?

Logo após a Segunda Guerra Mundial (1939-1945), o mundo foi dividido em países desenvolvidos e subdesenvolvidos ou do Terceiro Mundo. Nas décadas seguintes, organismos internacionais, a mídia e meios acadêmicos introduziram outras denominações: países em desenvolvimento, países de industrialização recente ou tardia, países centrais e periféricos, países menos desenvolvidos, países de renda média alta, de renda média baixa, países do norte e do sul etc. Nos anos de 1990, com a globalização da economia e o aprofundamento da política neoliberal em escala planetária, muitos dos "países em desenvolvimento" passaram a ser chamados de "mercados emergentes". Com essa denominação perdemos até mesmo a nossa identidade como país, Estado, nação e povo; fomos reduzidos a mercado, pois é isso que interessa ao grande capital e às corporações transnacionais. Independentemente da denominação que atribuirmos a esses países ou sociedades, é importante reconhecer que eles continuam dependentes ou subordinados econômica, financeira, política, científica e tecnologicamente aos países centrais. Possuem graves problemas sociais – baixa esperança de vida média, elevadas taxas de mortalidade infantil, precárias condições de saneamento básico, baixo nível de instrução etc. –, além da fome em proporções elevadas no conjunto de suas populações.

Assim, devemos estar atentos também para o fato de que o termo "em desenvolvimento", largamente empregado pelos organismos internacionais, encerra em si a noção de transição. Esta, por sua vez, supõe a ideia de evolução em direção a uma condição melhor, mais avançada, o que nem sempre é verdade, obscurecendo, portanto, a realidade.

Além das calorias, a alimentação deve fornecer determinados nutrientes – como proteínas, vitaminas e sais minerais – que cumpram a função de restaurar as células, os tecidos e os órgãos de todo o nosso organismo. A falta prolongada de qualquer desses nutrientes na alimentação provoca distúrbios e lesões no organismo, com graves consequências à saúde. Essa é a fome denominada *parcial, específica,* ou conhecida ainda com o nome de *fome oculta.*

Nesse caso, muitas vezes, uma pessoa pode ingerir diariamente uma grande quantidade de alimentos, mas que não contém os nutrientes fundamentais para a manutenção da saúde. Ela pode ingerir alimentos que reponham as energias despendidas e, no entanto, ficar carente de substâncias imprescindíveis para o bom funcionamento de todo o organismo. Em outras palavras, estaria mal-alimentada; ingerindo quantidade e não qualidade.

Lembramos, todavia, que essa situação ocorre também entre pessoas de classes socioeconômicas favorecidas, em decorrência de maus hábitos alimentares, ou seja, do ato de comer mal.

Em certas áreas de Minas Gerais, constatou-se, por exemplo, no passado, grande incidência endêmica de bócio (popularmente conhecido como "papo"), que é uma disfunção da tireoide. As pesquisas demonstraram que, na alimentação diária, a população praticamente não consumia verduras, legumes e peixes, que são alimentos ricos em iodo, uma substância importante para o bom funcionamento da tireoide. Entretanto, com a adição de iodo ao sal de cozinha, providência, aliás, muito simples, sua ocorrência diminuiu de forma significativa. Na Amazônia, a escassez ou insuficiência de ingestão de alimentos ricos em vitamina A na alimentação diária de seus habitantes tem provocado *xeroftalmia* (cegueira noturna), mutilando suas vítimas e privando-as de uma vida plena.

Cumpre, também, lembrar que, nos trabalhos que tratam da fome, encontram-se referências à *fome crônica* e *fome aguda*.

A fome crônica corresponde às duas situações que descrevemos anteriormente, isto é, à fome energética ou calórica e à fome parcial ou específica, com suas ocorrências separadas ou conjuntas, que é o caso mais comum. É encontrada, em maior ou menor incidência, dependendo do país ou da sociedade considerada. No Brasil, ela ocorre não somente nos grandes bolsões de pobreza ou miséria, como é o caso do Nordeste, mas também em diversas áreas do país, incluindo as regiões metropolitanas. A expressão fome crônica foi criada para diferenciá-la da fome aguda, que os franceses denominam *famine*.

A fome aguda resulta de adversidades naturais (secas, inundações e pragas nas lavouras) e/ou problemas sociais, econômicos e políticos (guerras, conflitos armados internos etc.), quando efetivamente ocorre falta de alimentos para atender a população. É a forma mais cruel da fome coletiva. Morre-se de inanição, de extrema debilidade ou fraqueza. Como exemplo, podemos citar o ocorrido na Somália. Durante os anos 1990, esse país foi assolado por guerras internas entre suas várias tribos e etnias que disputavam entre si o poder central. Esse acontecimento, somado às grandes secas de 1997 e 2000, dizimou as lavouras e a criação de gado, impondo à sua população grandes dificuldades de acesso aos alimentos. Para agravar a situação, a ajuda humanitária em alimentos, coordenada pela ONU, não pôde chegar com eficiência aos necessitados, em virtude dos conflitos armados. Em consequência, milhares de homens, mulheres e crianças morreram de inanição, de fome aguda. Além desse caso, entre outros, na província de Darfur, no Sudão, ocorreu o mesmo. A disputa por terra, água e poder causou um violento conflito a partir de 2003 que gerou milhares de mortes de refugiados, agravando, em consequência, a questão da fome entre suas populações.

Consequências da fome

Os efeitos mais comuns da fome são a desnutrição calórico-proteica (provocada pela falta de calorias e proteínas), as doenças causadas pela deficiência de vitamina A, a anemia (provocada pela deficiência de ferro), o raquitismo (gerado pela deficiência de vitamina D) e os distúrbios causados pela carência de vitaminas do grupo B.

Todas essas formas de desnutrição, quando não fazem suas vítimas diretamente, facilitam o aparecimento de outras doenças, que acabam levando o desnutrido à morte.

Por exemplo, os óbitos de crianças pobres não apontam a fome ou a desnutrição como causa dessas mortes. Figuram como causas a pneumonia, a desidratação, a tuberculose, o sarampo etc. No entanto, o óbito provocado por essas e outras doenças pode ser decorrência de um organismo debilitado ou sem resistência, em consequência da desnutrição ou fome.

A desnutrição calórico-proteica, também chamada desnutrição energético-proteica (DEP), atinge grande número de crianças em idade pré-escolar nos países subdesenvolvidos. Apresenta-se em diversos graus; o extremo ou mais grave (3º grau) em geral exige hospitalização para seu tratamento. Segundo especialistas, o *kwashiorkor* e o *marasmo* são formas de desnutrição de 3º grau.

A palavra *kwashiorkor* é originária de um dialeto africano da Costa do Ouro (atual Gana) e possui vários significados: o mais empregado é o de "criança desmamada". O *kwashiorkor* muitas vezes ocorre com uma criança após seu desmame precoce, ou seja, quando nasce uma nova criança, num período em que havia uma outra ainda sendo amamentada, esta cede o lugar para a recém-nascida. Deixando de alimentar-se do leite materno e em razão da pouca disponibilidade de alimentos da família, em decorrência de sua pobreza, a criança passa a ter uma alimentação pobre em proteínas.

Assim, o *kwashiorkor* é uma doença causada pela carência de proteínas e ocorre geralmente em crianças acima de seis meses de idade. Caracteriza-se por inchaço do ventre, que adquire aspecto "balofo", lesões na pele, parada do crescimento, atraso no desenvolvimento mental, às vezes irreversível, lesões no fígado, com degeneração gordurosa, descoramento dos cabelos, comportamento apático, triste e retraído. As crianças com *kwashiorkor* chegam a atingir dois ou três anos de idade indiferentes ao mundo que as rodeia. Podem não engatinhar nem andar, e geralmente morrem de doenças como coqueluche, sarampo e outras moléstias infecciosas, que, numa criança bem-alimentada, raramente causam a morte.

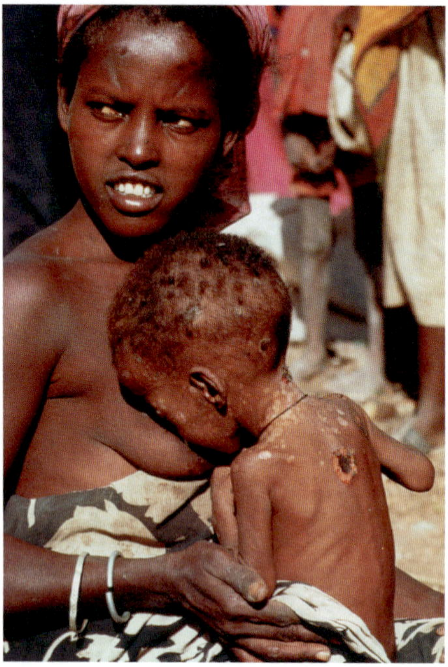

Criança com desnutrição severa, que apresenta sinais da síndrome de *kwashiorkor*: afinamento do cabelo e da pele, diversas lesões na pele, perda de pigmentação e severa ulceração. Nesses casos, é raro ver a criança comendo, dado que a síndrome está frequentemente associada à anorexia. De toda forma, mamar no peito da mãe traz conforto psicológico, mesmo que não haja leite. Campo de refugiados de Merca, Somália.

O marasmo (termo que em grego significa "consumir-se") – outra consequência da extrema desnutrição, causada pela deficiência de calorias na dieta alimentar da criança – ocorre geralmente nas primeiras semanas de vida. Caracteriza-se por emagrecimento, parada do crescimento longitudinal e extrema debilidade. O peso da criança chega a ficar 60% abaixo do normal.

Existem, ainda, os casos de *desnutrição leve* e *moderada*, chamados respectivamente de primeiro e de segundo graus. Trazem, também, graves consequências à saúde e ao desenvolvimento do ser humano e minam a resistência orgânica, abrindo brechas para o estabelecimento de várias doenças.

Estima-se que cerca de metade da população infantil mundial (com menos de seis anos) apresenta sintomas de desnutrição grave, moderada e leve. Essas crianças que geralmente nascem em famílias muito pobres ou pobres, não são suficientemente amamentadas e, quando desmamadas, não dispõem de alimentos na qualidade e quantidade necessárias.

No Brasil, estudos recentes têm demonstrado que as manchas de desnutrição ou fome não se limitam mais a certas áreas do território. A desnutrição não é hoje uma situação escandalosa apenas no Nordeste e em algumas áreas da Amazônia e de Minas Gerais, como mostravam estudos anteriores. Ela existe em todo o território nacional, tanto nas zonas rurais como nas urbanas.

No fim da década de 1950, o professor Nelson Chaves, fundador do Departamento de Nutrição da Universidade Federal de Pernambuco e um dos pioneiros do estudo da fome no Brasil, apontou o trágico quadro de desnutrição no Nordeste, onde havia crianças de dois até seis anos que não conseguiam andar em função de seu estado de desnutrição. Chamou a atenção também para o surgimento no Nordeste brasileiro de uma geração de *nanicos*, como resultado de carências nutricionais crônicas nos primeiros anos de vida da criança. O atraso no crescimento não é mais recuperado, mesmo que a criança tenha posteriormente uma alimentação adequada (os especialistas denominam esse tipo de desnutrição de *desnutrição pregressa*, ou seja, decorrente de fatores anteriormente ocorridos).

A ampliação dos serviços sociais (saúde, educação, água tratada, esgoto e assistência alimentar) no Nordeste brasileiro nos últimos anos contribuiu para a redução da desnutrição. Entretanto, estudos demonstram que, em cada grupo de cinco crianças até cinco anos, uma ainda apresenta estatura abaixo do que seria normal para sua idade.

A geração de nanicos, no entanto, não se restringe apenas ao Nordeste. Nas demais regiões brasileiras, observam-se, também, crianças com achatamento das médias antropométricas.

> "O novo perfil nutricional mostra queda significativa das formas graves de subnutrição como marasmo e kawashiorkor [no Brasil], mas a baixa estatura ou nanismo de causa nutricional continua a ser um problema de grandes proporções, principalmente na população de baixo poder aquisitivo"[8].

A OMS (Organização Mundial da Saúde) apontou, em 2010, que 171 milhões de crianças com menos de 5 anos sofrem, no mundo, de nanismo nutricional, e cerca de 50 milhões apresentam baixo peso.

Além das doenças causadas pela desnutrição calórico-proteica, também aquelas provocadas pela insuficiência de vitaminas na alimentação fazem suas vítimas e trazem sérios problemas à saúde. A xeroftalmia, ou "doença das trevas", é um exemplo: já citada, ocorre comumente em crianças dos países subdesenvolvidos. Sua incidência é muito elevada em regiões onde a alimentação da criança após o desmame consiste basicamente de carboidratos, como a mandioca, o milho e o arroz, e não há ingestão suficiente de frutas, hortaliças, legumes e produtos de origem animal.

Segundo a OMS, 56 milhões de crianças com menos de 5 anos e 11 milhões de mulheres grávidas no mundo estão sujeitas a cegueira e infecções, por possuírem deficiência de vitamina A na alimentação.

Para os especialistas, a carência de vitamina A é uma das formas de desnutrição mais fácil de ser combatida. De acordo com a OMS, a um

[8] ALBUQUERQUE, Maria Paula et al. "A importância do tratamento em hospital-dia para a criança com subnutrição primária". In: *Revista Estudos Avançados*. v. 27, n. 78, maio-ago. 2013. São Paulo: Instituto de Estudos Avançados da Universidade de São Paulo, 2013. p. 103.

custo baixo, de aproximadamente três dólares, é possível salvar cem pessoas da cegueira. É um custo desprezível, se comparado, principalmente, com as vultosas somas de dinheiro despendidas com armamentos (somente os Estados Unidos tiveram, no ano de 2011, 771 bilhões de dólares em gastos militares, o que representou cerca de 4,7% do PIB desse país; para erradicar a ameaça da xeroftalmia, são necessários apenas cerca de 2,1 milhões de dólares).

Outra doença aliada à deficiência de vitamina é o *raquitismo*, que afeta ossos e deforma principalmente as pernas. É consequência da falta de vitamina D e manifesta-se endemicamente em vários países subdesenvolvidos. Geralmente não é fatal, mas as deformações que causa podem tornar-se permanentes.

A vitamina D, além de ser produzida na pele, quando exposta aos raios ultravioleta do Sol, pode ser obtida com ração alimentar rica em ovos e peixes, alimentos que, para grande parte da população, principalmente a urbana do mundo subdesenvolvido, são inacessíveis em razão da baixa renda e dos preços elevados.

As *anemias* por carência de ferro e fosfato (vitaminas do complexo B) fazem parte do conjunto de males provenientes da fome. Comprometem a saúde e a possibilidade de seus portadores levarem uma vida ativa. Calcula-se que 1,6 bilhão de pessoas, das quais 53% mulheres grávidas e 19% crianças com menos de cinco anos, sejam vítimas da anemia em todo o mundo.

Quanto ao *bócio*, segundo a OMS, sua incidência abrange mais de 285 milhões de pessoas que não ingerem alimentos contendo iodo em quantidade satisfatória.

Sabe-se, atualmente, que a desnutrição no ventre materno – a *fome fetal* – pode não só comprometer a saúde da criança ao nascer, mas também condenar os adultos nascidos nessa condição a uma vida vulnerável a diversas enfermidades: diabetes, câncer, problemas cardíacos e até mesmo obesidade. Não ingerindo quantidades suficientes de proteínas e calorias durante a gravidez, as mulheres geralmente dão à luz crianças com peso abaixo do normal, até mesmo com comprometimento cerebral. A medicina já constatou a estreita relação entre o peso reduzido ao nascer, para um tempo normal de gestação, e o atraso de desenvolvimento mental.

Assim, para muitas crianças, a desnutrição tem início antes mesmo de elas nascerem, ou seja, manifesta-se já na vida intrauterina. Como o desenvolvimento pré-natal depende do estado geral da mãe, se esta for desnutrida, o desenvolvimento da criança estará comprometido. Os especialistas consideram 2,5 quilos o peso mínimo que uma criança deve ter ao nascer. Abaixo desse valor, entre outros fatores, pode ser sintomático de que a mãe não se tenha alimentado adequada e suficientemente ao longo da gestação. De acordo com cálculos do Unicef (Fundo das Nações Unidas para a Infância), o baixo peso ao nascer corresponde, no mundo, a aproximadamente 15% dos recém-nascidos, sendo que, nos países desenvolvidos, encontra-se abaixo de 5%, e nos países mais pobres as cifras são assustadoras: 32% no Paquistão, 28% na Índia, 22% em Bangladesh (no Brasil, a cifra é de 8%)[9]. Os especialistas esclarecem que esses dados não correspondem aos nascimentos de prematuros, mas que se referem somente a crianças que sofrem de desnutrição pré-natal decorrente de má alimentação da mãe. Aquelas que conseguem sobreviver correm o risco de apresentar anormalidades, tanto no crescimento quanto no desenvolvimento.

A relação entre baixo peso ao nascer e as elevadas taxas de mortalidade infantil já foram, também, amplamente estudadas. Os bebês

[9] UNICEF. Indicadores de nutrição. Disponível em: <www.unicef.org.br>. Acesso em: 13 jan. 2014.

nascidos, no período de gestação normal, com peso inferior a 2,5 quilos têm mais probabilidades de morrer nos primeiros meses de vida do que os bebês que nascem com peso superior.

No mundo sombrio da infância desnutrida, a situação se agrava ainda mais em razão de outros problemas. Além da alimentação deficiente, também a falta de afeto e de estímulo social e mental comprometem o desenvolvimento físico, emocional e intelectual da criança. Problemas psicomotores, cognitivos, de personalidade e baixa autoestima ocorrem em proporções elevadas.

Entre as causas da grande evasão escolar, coloca-se a limitação cognitiva da criança. Esta, não podendo acompanhar o ensino ou a aprendizagem, sente-se inferiorizada. Corre-se o risco de que o sentimento de inferioridade a acompanhe pelo resto da vida, influenciando suas atitudes e seu relacionamento social. Esse sentimento poderá levá-la, como ser social, a um comportamento de submissão, por achar-se incapaz de desempenhar certas atividades, tornando-se, assim, presa fácil das relações de dominação e exploração que se manifestam na vida social.

> (...) A criança ou adulto desnutrido, no entanto, mesmo que não tenham lesões estruturais ou funcionais do SNC (Sistema Nervoso Central), apresentam um quadro de apatia, diminuição de atividade física e psicomotora, alterações do afeto e do humor (...)[10]

Nos países subdesenvolvidos, nem todas as crianças matriculadas no primeiro ano do Ensino Fundamental chegam a completar os cinco anos desse ciclo inicial. Em muitos desses países, verifica-se que, de

[10] Valente, Flávio Luiz Schieck (org.). *Direito humano à alimentação*: desafios e conquistas. São Paulo, Cortez, 2002. p. 31.

100 crianças matriculadas, apenas 50 e até menos chegam ao fim do curso. Quando não são as dificuldades de aprendizagem que levam à desistência escolar, são as necessidades de sobrevivência. As crianças são requisitadas pelos pais a participar do processo produtivo, ou seja, a trabalhar e aumentar o minguado rendimento familiar. No Brasil, apesar de existir legislação que proíbe o trabalho infantil, muitas crianças engrossam o contingente de carvoeiros, de cortadores de pedras e de sisal etc. ou de trabalhadores urbanos (vendedores que atuam nos semáforos, limpadores de carros, trabalhadores do comércio, prestadores de serviços etc.).

Os direitos das crianças não estão sendo respeitados, apesar de todos os países terem assinado a Declaração dos Direitos da Criança, patrocinada pela ONU. Veja, a seguir, a reprodução de três dos dez direitos desse documento.

Declaração dos Direitos da Criança

Princípio 4. A criança deve gozar dos benefícios da previdência social. Tem o direito de crescer e desenvolver-se de modo sadio; para tanto devem-lhe ser assegurados, assim como à mãe, cuidados especiais, incluindo assistência pré e pós-natal. A criança tem direito a alimentação, moradia, recreação e cuidados médicos adequados.

Princípio 7. A criança tem o direito de receber educação, que deve ser gratuita e obrigatória. Deve receber uma educação que contribua para sua cultura geral e que lhe permita, em condições de igualdade de oportunidades, desenvolver suas aptidões, suas opiniões pessoais e seu sentido de responsabilidade moral e social, tornando-se membro útil da sociedade (...).

Princípio 9. A criança deve ser protegida contra todas as formas de abandono, crueldade e exploração. Não deve ser submetida a nenhum tipo de tráfico. Não deve ser permitido que a criança trabalhe antes de uma idade mínima adequada (...).

Crianças trabalhando em uma carvoaria na cidade de Manila, capital das Filipinas (2012), quando deveriam estar frequentando a escola. Em um levantamento realizado pela Organização Internacional do Trabalho (OIT), estimou-se que cerca de 19% de crianças e adolescentes em idade entre 5 e 17 anos trabalham nesse país.

Diariamente, em todo o mundo subdesenvolvido, milhões de vidas são interrompidas pelo flagelo da fome. Sem resistência orgânica, as crianças desnutridas morrem. E morrem num mundo onde há alimentos para todos, onde somente a produção de cereais, segundo a FAO, seria suficiente para proporcionar a todos uma dieta adequada.

Então, por que isso acontece? Por muitas razões que serão explicadas no decorrer deste livro. Tendo por base Josué de Castro, é possível adiantar:

> (...) A fome não é um fenômeno natural e sim um produto artificial de conjunturas [estruturas] econômicas defeituosas: um produto de criação humana e, portanto, capaz de ser eliminado pela vontade criadora do homem (...)[11].

[11] Castro, Josué de. *O livro negro da fome*. São Paulo, Brasiliense, 1960. p. 26.

Situação vergonhosa para toda a humanidade

Cerca de 870 milhões de pessoas vão dormir, todas as noites, sem ter ingerido os alimentos necessários à manutenção da saúde: aproximadamente 850 milhões nas regiões subdesenvolvidas e em desenvolvimento e 20 milhões nas regiões desenvolvidas. Do total desses quase 870 milhões, a FAO calcula que aproximadamente 200 milhões são crianças e onze milhões delas morrem anualmente por causas relacionadas à desnutrição ou a doenças dela decorrentes. A cada dia, mais de 3 mil crianças morrem no mundo de malária, ou paludismo. A maioria dessas crianças poderia ser salva se elas tivessem as condições mínimas de alimentação e os cuidados sanitários básicos, como assinalado anteriormente.

O número de pessoas no mundo com *sobrepeso* já supera o de pessoas desnutridas. A OMS considera a obesidade uma "epidemia do século XXI". Estima-se que ela abranja cerca de 35% da população mundial com idade igual ou superior a 20 anos – cuja grande maioria se encontra nos países ricos (nos Estados Unidos, calcula-se que 69% da população com idade igual ou superior a 20 anos tenha sobrepeso e que 32% dela seja *obesa*). Enquanto essas pessoas correm graves riscos de saúde – diabetes, doenças cardiovasculares etc. — pela ingestão exagerada e inadequada de alimentos, outras passam fome, têm subalimentação. É um mundo de abundância exagerada para alguns e de escassez extrema para muitos. Tanto a face da opulência como a da miséria reinante mostram a irracionalidade humana, ainda mais quando se sabe que é possível tornar a vida um banquete para todos.

Entre 10 e 13 de junho de 2002, realizou-se, na cidade de Roma (sede da FAO), a Cúpula Mundial sobre Alimentação: Cinco anos depois. Nela, fez-se o balanço da situação alimentar do mundo, considerando-se o acordo assinado na Cúpula Mundial sobre Alimentação 1996, no qual representantes de 186 países assumiram a meta de reduzir pela metade o número de pessoas em estado de fome no mundo até o ano de 2015. Ou seja, a cifra de mais de 870 milhões de pessoas em estado de fome deveria ser reduzida para 400 milhões em 2015. Para cumprir essa meta, havia, portanto, a necessidade de eliminar a fome de 20 milhões de pessoas anualmente, entre 1996 e 2015.

O balanço realizado na Cúpula de 2002 constatou que a meta estava longe de ser alcançada. Foi registrada diminuição anual, entre 1996 e 2001, de apenas 6 milhões de pessoas, quando o objetivo traçado era de 20 milhões. Houve, por conseguinte, descumprimento da meta estabelecida em 1996, quando até mesmo foi calculado o montante de dinheiro necessário para tal empreendimento: 24 bilhões de dólares anualmente (quantia muito modesta, se comparada aos gastos militares mundiais de 2011, em torno de 1,7 trilhão de dólares).

Diante dos limitados resultados obtidos no combate à fome, entre 1996 e 2001, a Cúpula Mundial sobre Alimentação: Cinco anos depois, em 2002, decidiu rever a meta para 2015: elevou para 22 milhões o número de pessoas que anualmente devem ser excluídas do mapa da fome no mundo. Juntamente com a elevação da meta anual, ratificou-se o que tinha sido fixado no Programa de Combate à Fome, datado de 1996, como melhorias na exploração agrícola (irrigação de terras, fornecimento de sementes mais produtivas, conservação dos recursos naturais básicos para a produção de alimentos, melhoramento da infraestrutura rural, acesso mais fácil ao mercado, foco do programa em pessoas em condições especiais de penúria etc.).

Na Cúpula Mundial sobre Segurança Alimentar 2009, foi reconhecido o fracasso das metas e constatado o aumento de cerca de 150 milhões de pessoas em situação de fome, calculadas, nesse ano, em 1 bilhão. O aumento em relação aos dados anteriores foi decorrente da crise dos alimentos, ou seja, da elevação de preços que penalizou grande contingente de famílias de baixa renda.

Apesar de ter havido avanços pontuais no combate à fome, eles foram muito modestos diante da situação mundial. A fome se estende a todos os continentes e não somente à África. Na Índia, por exemplo, estima-se que 217 milhões de pessoas vivem na condição de fome; na Coreia do Norte, 8,4 milhões.

TABELA 1. MUNDO: NÚMERO DE PESSOAS SUBNUTRIDAS (EM MILHÕES) – 2008

África	239
América Latina e Caribe	49
Ásia (menos Japão e Cingapura)	563
Oceania	1
TOTAL	852

(Obs.: Nesta tabela não foram consideradas as regiões desenvolvidas, que apresentam cerca de 20 milhões de pessoas em estado de subalimentação.)

Fonte: FAO. The *State of Food Insecurity in the World*: Economic Growth is Necessary but not Sufficient to Accelerate Reduction of Hunger and Malnutrition. Roma: FAO, 2012. p. 46-49.

Lembramos que a alimentação é um direito. É princípio consagrado em vários documentos e em leis internacionais (Declaração Universal dos Direitos Humanos, de 1948; Pacto Internacional dos Direitos Econômicos, Sociais e Culturais, 1966; Declaração Universal sobre Erradicação da Fome e Desnutrição, 1974; etc.). Entretanto, mesmo que esse direito não estivesse regulamentado, é imperioso reconhecer que o acesso a alimentação adequada é mais que um imperativo moral, é uma questão de justiça social. O combate à fome não pode ser reduzido a uma questão de generosidade ou de bondade por parte dos países ricos aos países pobres, ou simplesmente ser considerado "ajuda humanitária", para que depois a situação continue a mesma. Ele envolve, fundamentalmente, esforços, no âmbito dos Estados, para remover obstáculos internos e externos responsáveis por sua ocorrência.

O panorama mundial quanto à fome e à pobreza é aterrador. O mundo da miséria não esconde nem poupa suas vítimas, que são expostas à triste e trágica condição de penúria, de desesperança e, sobretudo, de aviltamento.

Entretanto, caminhando lado a lado com a miséria, mas se beneficiando dela, existe a riqueza de alguns países e de uma minoria de privilegiados do próprio mundo subdesenvolvido que se regozijam dessa posição.

As classes privilegiadas do mundo subdesenvolvido, de modo geral, bem como as classes médias, pouco se importam com a miséria ao seu redor, a não ser quando representa ameaça à ordem social vigente. Escondem-se por trás de um liberalismo que tem mostrado violentos antagonismos entre os interesses individuais e coletivos. Ao sentir-se ameaçados, correm a providenciar "ajuda aos necessitados", sem, contudo, buscar as verdadeiras causas da miséria e da pobreza e propor medidas profundas ou de cunho estrutural que alterem em definitivo a situação existente.

Morrer de fome ou inanição, ou ainda ter o desenvolvimento físico e mental comprometido pela desnutrição, num mundo em que a produção de alimentos é suficiente para assegurar alimentação adequada para todos, é uma situação vergonhosa, para não dizer obscena. É um verdadeiro escândalo. Mostra, na verdade, a irracionalidade humana. E, indo mais longe, pode-se até mesmo afirmar que a existência da fome no mundo é a prova mais contundente do fracasso da nossa civilização.

O caso da África

Todas as formas ou tipos de fome ocorrem na África. A situação é dramática nos países ao sul do Saara, na chamada África Negra ou África Subsaariana, como pode ser visto no mapa a seguir.

ÁFRICA SUBSAARIANA

A situação é dramática nos países ao sul do Saara, na chamada África Negra ou África Subsaariana, como pode ser visto no mapa. Os indicadores sociais e econômicos atestam a frágil condição de populações africanas, que já foram denominadas pela Unesco, na década de 1980, "os deserdados da Terra". Dos 31 países listados pela entidade na época, 20 situam-se na África: Libéria, Togo, Eritreia, Quênia, Tanzânia, Ruanda, Malaui, Zimbábue, Botsuana e Madagascar, que atualmente têm 25% a 34% da população na situação de fome, e Serra Leoa, Chade, República Centro-Africana, Etiópia, Burundi, Guiné Equatorial, Angola, Zâmbia, Moçambique e Camarões, com mais de 35% da população na mesma situação. Os demais países situam-se na Ásia: Afeganistão, Bangladesh, Butão, Maldivas, Laos, Nepal, Iêmen e República Árabe do Iêmen (na época, formavam dois Estados; foram unificados em 1990); na América, Haiti; e na Oceania, Samoa.

PERCENTUAL DA POPULAÇÃO COM SUBNUTRIÇÃO

sem dados | menos de 5% | de 5% a 14% | de 15% a 24% | de 25% a 34% | mais de 35%

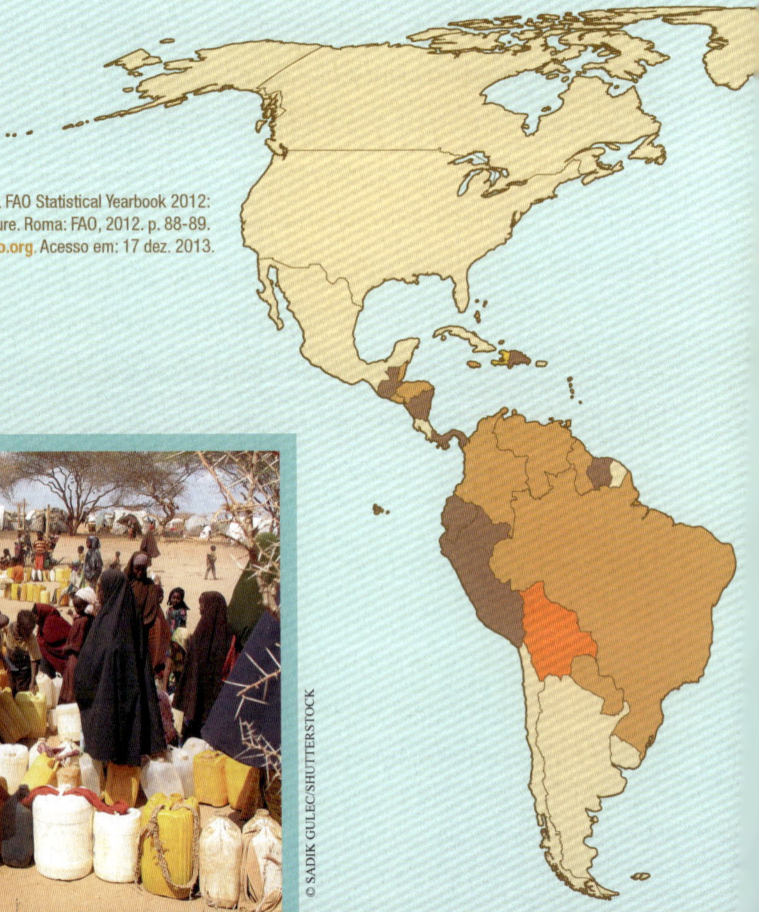

Fonte: FAO. FAO Statistical Yearbook 2012: World Food and Agriculture. Roma: FAO, 2012. p. 88-89. Disponível em: http://www.fao.org. Acesso em: 17 dez. 2013.

© SADIK GULEC/SHUTTERSTOCK

EM 2011, A ÁFRICA SUBSAARIANA:

Respondia por menos de 3% do PIB mundial (Produto Interno Bruto)
(Estados Unidos, China, Japão, Alemanha e França responderam por cerca de 49%)

Possuía alta taxa de analfabetismo de adultos (idade igual ou superior a 15 anos): 67%
(nos países desenvolvidos, menos de 5%; no Brasil, 10%)

Possuía elevada taxa de mortalidade infantil por mil nascidos vivos: 71‰
(nos países desenvolvidos, 6‰; no Brasil, 16‰, sendo que na região Nordeste essa taxa é de 19‰)

Contava com 234 milhões de pessoas sofrendo de desnutrição

Tinha baixa esperança de vida média ao nascer - 55 anos (países desenvolvidos, 79 anos; Brasil, 74 anos)

Possuía elevada taxa de mortalidade materna, ou seja, número anual de óbitos de mulheres por causas relacionadas com a gravidez, por 100 mil nados-vivos (nado, do latim, natus = nato, nascido): 638
(nos países desenvolvidos, média de 8; no Brasil, 58)

Possui baixo IDH (Índice de Desenvolvimento Humano): abaixo de 0,500
(nos países desenvolvidos, superior a 0,800; Brasil, 0,718)

As doenças se multiplicam: mais de 22 milhões de pessoas estão infectadas pelo vírus da aids
(o que representa 67% dos infectados no mundo)

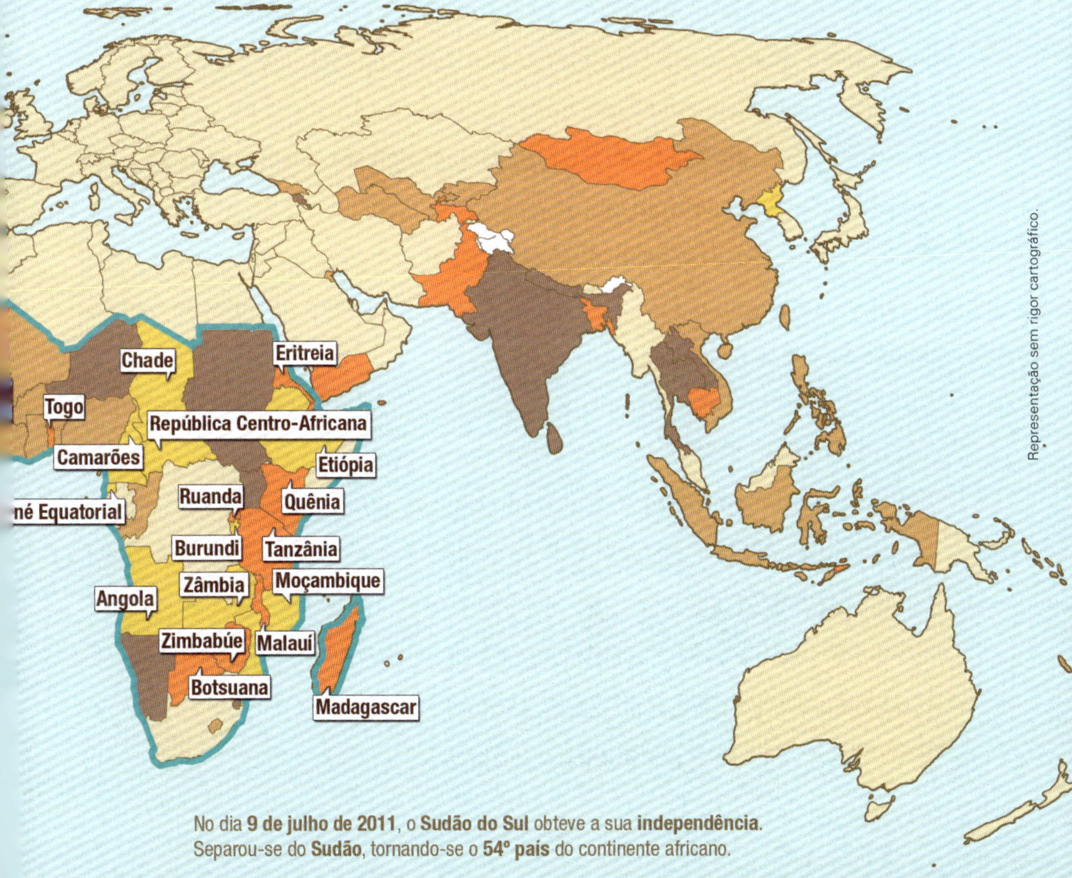

Representação sem rigor cartográfico.

No dia **9 de julho de 2011**, o **Sudão do Sul** obteve a sua **independência**. Separou-se do **Sudão**, tornando-se o **54º país** do continente africano.

O panorama social da África Subsaariana atual é sombrio e decorre de uma multiplicidade de fatores.

A longa e brutal exploração europeia, materializada por meio da dominação colonial, marcou profundamente a vida africana. Suas riquezas foram intensamente drenadas para as potências colonialistas; sua gente foi escravizada; seu sistema produtivo, que estava organizado para atender às necessidades de suas populações, foi alterado para atender aos interesses dos conquistadores/colonizadores. Suas terras foram usurpadas. A agricultura de produtos alimentares foi substituída pela agricultura comercial de exportação (algodão, amendoim, café etc.) para abastecer o mercado europeu, característica de utilização da terra mantida até os dias atuais e responsável, em parte, pela ocorrência da fome (em 1984, enquanto populações etíopes morriam de inanição ou de fome aguda, fato divulgado pela imprensa como sendo decorrente da seca – o que não era totalmente verdade –, o algodão produzido na Etiópia lotava pátios para ser embarcado para a Europa; no Zimbábue, antiga Rodésia do Sul, conquistada pelos ingleses, foi implantado um regime racista, a exemplo do *apartheid* da África do Sul; até o ano de 2002, 4,5 mil famílias brancas dominavam 75% das terras aráveis mais férteis e com regularidade de chuvas, enquanto para a população nativa, calculada em 9 milhões, cabiam os restantes 25%; no ano de 2002, o Zimbábue completou a política de desapropriação de terras dos brancos, iniciada em 2000).

Mas não é somente o domínio colonial que explica a atual situação africana. Após o processo de descolonização, seguido da independência formal de suas nações, novos fatores complicadores surgiram, como, por exemplo, os receituários de política econômica – chamados de ajustes estruturais – ditados pelo FMI (Fundo Monetário Internacional) e pelo Banco Mundial. Um caso típico é o da Somália. Por volta dos anos 1970, esse país possuía uma economia agropecuária com desenvolvimento razoável e autossuficiente. Entretanto, no começo da década de 1980, a intervenção do FMI e do Banco Mundial para saldar uma dívida entre a Somália e o Clube de Paris (leia o texto a seguir, "O Clube de Paris") gerou uma profunda crise econômica nesse país. Medidas como o aumento das importações, a desvalorização do *shilling* somali, o estímulo do cultivo de produtos para exportação nas melhores terras levaram o país a um colapso interno, aprofundando ainda mais sua dependência do exterior[12].

Clube de Paris

Grupo informal de países credores – Estados Unidos, Grã-Bretanha, França, Alemanha, Suécia, Holanda, Bélgica, Itália, Japão e Suíça – formado em 1956, com o propósito de reescalonar a médio ou a longo prazo a dívida externa de países subdesenvolvidos, quando o seu montante efetivamente justifica uma renegociação. Por solicitação de um país devedor, o Clube de Paris reúne os países credores deste, juntamente com observadores de grandes instituições financeiras, como o FMI, Banco Mundial etc. Então são acertados os termos de renegociação da dívida. Uma vez decidido, são realizados acordos bilaterais entre o país devedor e cada um dos credores.

A desestruturação de todo o sistema econômico tradicional da Somália, decorrente do receituário do FMI e do Banco Mundial, levou à falência agricultores e criadores de gado nômades, e isso, aliado a períodos de seca prolongados, quase os fez desaparecer. Entrando em crise econômica e social, não tardou a surgir, em consequência, a crise

[12] Para melhor entendimento e aprofundamento dessa questão, consulte: Chossudovsky, Michel. *A globalização da pobreza*: impactos das reformas do FMI e do Banco Mundial. São Paulo, Moderna, 1999 (esgotado); e Soares, Laura Tavares. *O desastre social*. Rio de Janeiro, Record, 2003.

política e em seguida a guerra civil que durou 10 anos (1990-2000), cujo balanço trágico envolve a morte de milhares de somalis.

Devemos também lembrar que as atuais fronteiras dos Estados subsaarianos não correspondem às aspirações de seus povos. Foram traçadas segundo a conveniência dos conquistadores/colonizadores, que, não respeitando a diversidade étnica ou cultural, encerraram numa mesma fronteira nacional tribos historicamente antagônicas e de tradições, línguas e costumes diferentes. Diante disso, cabe perguntar: como obter uma unidade nacional? Tal situação explica as inúmeras guerras internas na África Subsaariana, nos últimos 50 anos, ou seja, após a descolonização, comprometendo, sem dúvida, o desenvolvimento de seus países e, consequentemente, explicando as razões da pobreza e da fome aí existentes (Angola, por exemplo, viveu, de 1961 a 2001, conflitos armados entre suas etnias, pelo domínio do poder central; a República Democrática do Congo protagonizou, entre 1998 e 2003, um conflito armado de grandes proporções entre suas etnias).

A instabilidade política daí decorrente, os gastos militares considerados vultosos para suas débeis economias, que, por outro lado, enriquecem os produtores de armas do mundo desenvolvido, a corrupção administrativa de muitos de seus governantes, sua inserção na economia global como simples fornecedora de bens primários, cujos preços são controlados por corporações transnacionais e muitos outros fatores adversos emperram seu desenvolvimento e contribuem para a precariedade de seus indicadores sociais e econômicos e, por conseguinte, para a ocorrência da fome ou da acentuada insegurança alimentar ali reinante.

Não só a África Subsaariana é vitimada pelo subdesenvolvimento e pela fome. Se lá eles ocorrem de forma mais abrangente, outras regiões ou outros países também sofrem com esses flagelos de forma igual ou menos intensa, como observamos no mapa das páginas 32 e 33. Mesmo no mundo desenvolvido existe a fome. Os Estados Unidos, considerados a expressão maior do desenvolvimento do capitalismo, têm em sua sociedade ou no propalado *american way of life* enormes contradições e, entre elas, a fome. Nesse país, grande contingente populacional tem a possibilidade de alimentar-se adequadamente somente mediante os *tickets* de alimentação fornecidos pelo poder público ou se estiverem inscritos nos programas de segurança alimentar. Em 2001, o número de cidadãos estadunidenses com insegurança alimentar era de 33,6 milhões. Em decorrência da crise econômica iniciada no ano de 2008 e do consequente aumento do desemprego, em 2011 o número de pessoas que se utilizam dos subsídios federais para se alimentar elevou-se para 45 milhões.

Afinal, se o exemplo maior de país desenvolvido, os Estados Unidos, portador de um instrumental científico e tecnológico sem precedentes na história, grande exportador de cereais, possui, vergonhosamente, no seio de sua população, milhões de pessoas desnutridas, com fome ou em estado de insegurança alimentar, o que explica então a questão?

Após a derrocada do socialismo real na ex-União Soviética e no Leste Europeu, o diplomata, escritor, filólogo e crítico literário Antônio Houaiss e seu parceiro Roberto do Amaral Vieira escreveram um texto bastante esclarecedor:

> (...) A posição triunfalista do capitalismo tem todas as razões de ser: é, economicamente, mais capaz do que qualquer outro regime social de produzir e de fazer consumir para continuar a produzir.
>
> (...) Essa vitória, porém, não pode ser idealizada: não se trata de consagrar a sociedade capitalista como a melhor, pois não pode ser melhor – para a humanidade em geral – o que beneficia uma fração do todo.

> (...) Digamos claramente: não se questiona o capitalismo como instrumento de produção e acumulação de riquezas, de desenvolvimento econômico ou progresso; questiona-se, e cada vez mais, a qualidade – isto é, a injustiça – dessa riqueza acumulada nas mãos de tão poucos, e o progresso que beneficia também tão poucos, à custa de exploração de tantos homens, mulheres, crianças, nações e povos (...)[13].

13 "A lógica do lobo". In: *Folha de São Paulo*, 4 out. 1990, Opinião A-3.

2. Agricultura de exportação *versus* agricultura de produtos alimentares

O colonialismo e a divisão internacional da produção ditada pelo capitalismo desestruturaram as formas originais de produção agrícola na Ásia, África e América Latina. A agricultura de produtos alimentares de subsistência foi substituída pela agricultura comercial de exportação. Isso para atender, fundamentalmente, aos interesses das metrópoles. Para as colônias delineou-se, entre outras coisas, o espectro da fome.

Divisão internacional da produção na economia colonial

Estudar a expansão da economia colonial europeia a partir do século XV é importante para se compreender a causa da existência da fome entre os povos do mundo subdesenvolvido.

Até o século XV, o horizonte geográfico europeu limitava-se à bacia do mar Mediterrâneo. Com as grandes navegações dos séculos XV ao XVIII e com a implantação do capitalismo comercial, esse horizonte ampliou-se consideravelmente. A América, a Ásia, a África e a Oceania foram incorporadas ao mundo europeu, e o comércio tornou-se a fonte de riqueza e poder. Nas terras conquistadas foram fundadas colônias (na América e Oceania) e feitorias (na África e Ásia), e implantada pelas metrópoles europeias uma *divisão internacional da produção*: às colônias e feitorias cabia fornecer para suas metrópoles produtos primários (produtos agrícolas, matérias-primas, especiarias e metais preciosos) e às metrópoles, fornecer produtos manufaturados.

Essa divisão internacional da produção continuou norteando as relações entre as metrópoles e suas colônias e feitorias, após 1750, quando foi introduzido, em momentos diferentes, o capitalismo industrial em algumas nações europeias, nos Estados Unidos e no Japão (fase do neocolonialismo e do imperialismo).

A divisão internacional da produção deixou pelo menos duas consequências bastante significativas e opostas entre si:

1. beneficiou amplamente as nações colonialistas europeias, por meio da dinamização de suas atividades capitalistas, e favoreceu a acumulação de capitais, primeiramente nas mãos da burguesia mercantil e do Estado, e, posteriormente, nas mãos da burguesia industrial e financeira;
2. prejudicou sensivelmente as colônias, deformando seu desenvolvimento econômico.

A deformação do desenvolvimento das colônias ocorreu tanto na atividade artesanal como na agrícola e é sentida até hoje.

Na atividade artesanal, o colonialismo e a divisão internacional da produção, como corolário da primeira, provocaram grande impacto. Causaram a regressão em vários setores produtivos e a ruptura, inibição e deformação do processo de desenvolvimento tecnológico das colônias, na medida em que os produtos manufaturados, num primeiro momento, e posteriormente os produtos industrializados provenientes das metrópoles, se impuseram em substituição aos produzidos localmente. A Guiné-Bissau, por exemplo, possuía, à época da conquista europeia, técnicas de tecelagem e de tinturaria relativamente avançadas. No início de sua colonização, seus tecidos eram exportados para a Europa. Entretanto, quando os capitalistas europeus perceberam que as exportações de tecidos da Guiné-Bissau estavam prejudicando a indústria têxtil europeia e que também estimulavam outros setores do artesanato africano, providenciaram o fim desse tipo de comércio. Não interessava aos países colonialistas a formação de novos concorrentes no mercado produtor de manufaturados. Interessava, sim, a substituição do artesanato e da semimanufatura local pelo manufaturado europeu.

Na Índia e em outras colônias, o colonizador ou conquistador usou a mesma estratégia.

> (...) A Índia oferecia um mercado de monopólio à Inglaterra, no momento em que esta se encontrava em plena expansão industrial. A indústria algodoeira de Lancashire, que a Revolução Industrial colocara em primeiro lugar como fornecedor de tecidos de algodão, parecia ter na Índia um mercado inesgotável, até o surgimento de uma indústria indiana de têxteis; mesmo então, os interesses britânicos em jogo puderam, por intermédio de Whitehall [sede do governo britânico], esmagar sua rival com impostos indiretos tão elevados que anulavam os esforços protecionistas de uma tarifa alfandegária já insuficiente (...).
>
> (...) A Índia permaneceu, durante todo o fim do século XIX, a verdadeira vaca leiteira da Inglaterra: entregava à Grã-Bretanha matérias-primas que devia comprar depois sob a forma de produtos manufaturados (...)[14].

[14] Panikkar, K. M. *A dominação ocidental na Ásia*: do século XV aos nossos dias. Rio de Janeiro, Saga, 1965. p. 157-159.

Isso ocorreu em todas as economias coloniais em maior ou menor intensidade no decorrer do século XVI ao XX (com exceção dos Estados Unidos, que, no século XVIII, libertando-se do jugo inglês, abandonaram o sistema de divisão internacional da produção, voltaram-se para si mesmos, adotaram uma política externa isolacionista e promoveram sua industrialização e seu desenvolvimento; quanto aos países latino-americanos, apesar de sua libertação colonial no início do século XIX, suas oligarquias conservadoras e anti-industrializantes, além de frearem o desenvolvimento econômico e social, assistiram à substituição da dominação colonial ibérica pelo imperialismo inglês).

E quanto à agricultura? O que ocorreu com a penetração do colonialismo e com a divisão internacional da produção?

Ocorreu a deformação do sistema produtivo agrícola original das colônias. É isso que interessa mais de perto para explicar a fome, como veremos a seguir.

Agricultura de exportação *versus* agricultura de subsistência: uma herança do colonialismo

O colonialismo desestruturou as formas originais de produção agrícola existentes nas áreas conquistadas. A produção agrícola africana, asiática e americana, que estavam fundamentalmente voltadas para atender às necessidades alimentares de seus povos, foram desorganizadas, sendo substituídas pela agricultura comercial de exportação. O colonizador introduziu a forma de utilização da terra que tem por base a grande propriedade agrícola monocultora – a *plantation* –, destinada ao cultivo de produtos para exportação (cana-de-açúcar, café, cacau, amendoim, algodão, borracha, chá etc.). Quanto à agricultura de subsistência, esta passou a ser encarada pelo colonizador apenas como apêndice da grande lavoura.

Essa substituição tinha como objetivo criar nas colônias uma forma de produção agrícola adequada às necessidades do mercado externo, às necessidades de acúmulo de capital e à obtenção de lucros pelas metrópoles. Assim, o colonialismo orientou sua ação para tirar da terra conquistada e de sua gente tudo aquilo que pudesse beneficiar a metrópole e sua classe dirigente. Os meios de produção ficaram nas mãos de poucos e o acesso a eles tornou-se difícil em razão da implantação de administrações coloniais e, posteriormente, de Estados, que representavam os interesses das classes dominantes. Para a grande maioria das populações restaram apenas as migalhas do grande banquete colonial, pois sentaram-se à mesa apenas as oligarquias locais e os representantes dos interesses colonialistas.

Na África

Na fase pré-colonial, a forma de produção na África consistia, de modo geral, na agricultura praticada em pequenos lotes rurais (milho, milhete, arroz, batata, inhame etc.) e na criação de pequenos rebanhos, e tinha por base o trabalho das famílias (unidades familiares de produção). A troca de produtos entre os camponeses e os criadores de gado (pastores) proporcionava equilíbrio alimentar, porque assim podiam consumir as proteínas animais e vegetais necessárias a sua alimentação.

Com a chegada do colonizador, ocorreu a ruptura desse equilíbrio. Foi introduzida a *plantation*. A grande lavoura passou a absorver as unidades familiares de produção, tanto aquelas ocupadas com a agricultura de subsistência como as que lidavam com a criação de gado. Assim, o avanço dessa agricultura comercial de exportação provocou a desestruturação da produção destinada à alimentação das famílias e, consequentemente, surgiram a desnutrição e a fome.

A colonização francesa no Níger, Mali, Senegal, Mauritânia, Burkina Fasso, Gâmbia e Chade é exemplo disso. Foram desenvolvidas nesses países extensas plantações de amendoim e algodão, para abastecer de matérias-primas as indústrias francesas de óleo comestível e de tecelagem.

O Níger, por exemplo, país situado no Sahel, foi ocupado pelos franceses no século XIX e tornou-se colônia entre 1922 e 1960. No decorrer desse período, as *plantations* de amendoim e algodão apresentaram grande expansão. Os 73 mil hectares de terras ocupadas por amendoim em 1934 já somavam 140 mil em 1954. Esse aumento da área cultivada com lavouras destinadas à exportação se deu com prejuízo das lavouras de subsistência.

É compreensível que, mesmo após a independência, o Níger tenha continuado a privilegiar as lavouras de exportação, pois necessita de divisas ou de dólares para sustentar suas importações. No entanto, o que se questiona é que a arrecadação de impostos oriundos das exportações não é destinada a investimentos na agricultura familiar para superar seu déficit alimentar. A exemplo de outros países africanos, e mesmo de outros continentes, essas receitas do Estado têm sido mal dirigidas. Têm beneficiado muito mais as elites nacionais, que as aplicam na construção de bairros elegantes nas suas capitais, na importação de automóveis de luxo e bens supérfluos, sem contar com as atitudes lesivas de desvio de dinheiro público ou de corrupção administrativa.

Na ausência de ações de interesse nacional, voltadas principalmente para os despojados ou despossuídos, a agricultura de exportação, como herança do colonialismo, continua sendo privilegiada. Disso resulta a precária condição alimentar de grande parte da população. O Níger, como muitos outros países africanos, depende de importação de alimentos.

Em Burkina Fasso, antigo Alto Volta, colônia francesa, os colonizadores franceses, para conseguir trabalhadores para as grandes plantações de algodão ali introduzidas, usaram um recurso administrativo espúrio: aumentaram consideravelmente as taxas cobradas dos nativos por cabeça de gado e por hectare de terra cultivada com lavouras de subsistência. Diante disso, muitos camponeses abandonaram suas terras e tornaram-se trabalhadores assalariados nas grandes plantações de algodão dos franceses. Isso comprometeu seriamente o nível alimentar da população.

Na Ásia

Também na Ásia, o avanço da colonização estrangeira, sedenta de lucro, não só provocou a regressão da atividade artesanal e manufatureira, como também alterou a forma de utilização da terra de vários povos asiáticos. Borracha natural, chá, arroz, juta, matérias-primas minerais e outros produtos tiveram, com o colonialismo, aumento considerável de produção, para atender fundamentalmente ao mercado externo. Com isso, o sistema produtivo original, que atendia às necessidades alimentares das populações, foi deformado e o resultado foi a fome, a desnutrição.

Bangladesh é o caso típico dessa situação no continente asiático. Antes do início da colonização inglesa, no final do século XVIII, a terra era propriedade comum dos habitantes das aldeias. Todos trabalhavam, repartiam a produção e se associavam para a construção de canais de irrigação para a melhoria das terras.

Com a chegada do colonizador, deu-se a desestruturação da forma de produção original. Os ingleses introduziram a propriedade particular, desmantelando o trabalho coletivo. Com as culturas de juta e de algodão e outras atividades destinadas à exportação surgiu o trabalhador assalariado, e a introdução da economia de mercado fez elevar espantosamente os preços dos alimentos. O trabalhador, que antes produzia na sua aldeia os alimentos de que necessitava, tinha agora de comprá-los no mercado. Mas, como os salários eram baixos, não podia adquirir alimentos em quantidade e qualidade suficientes para ter um bom nível alimentar. O resultado foi a fome, a desnutrição.

Segundo dados do Relatório do Desenvolvimento Humano 2011, do Pnud (Programa das Nações Unidas para o Desenvolvimento), Bangladesh faz parte do conjunto de países em condições sociais precárias: taxa de mortalidade materna é de 340 (em cada 100.000 nascidos vivos, há 340 mortes maternas) – nos países de IDH muito elevado é de 16; taxa de mortalidade infantil de menores de 5 anos, 52‰; taxa de analfabetismo de maiores de 15 anos, 44%; e IDH baixo, igual a 0,500. Cerca de 60 milhões dos seus 150 milhões de habitantes vivem abaixo da linha de pobreza, sem satisfazerem, consequentemente, suas necessidades mínimas de alimentação, habitação, vestuário, educação e saúde. Milhares de famílias de Bangladesh consomem menos de 1.500 calorias/dia por pessoa.

Nos últimos quinze anos, observa-se melhora nas condições de vida de parcela de sua população, graças ao desenvolvimento da indústria têxtil e de confecção de roupas, cujos produtos são, atualmente, os mais exportados pelo país. Com o aumento da renda, famílias puderam obter condições de vida mais satisfatórias.

A Índia, considerada um país emergente pelos meios de comunicação e por centros acadêmicos e organizações internacionais, possui também condições sociais precárias. Como já foi citado, do total de 1,2 bilhão de seus habitantes em 2011, cerca de 217 milhões, ou 18% de sua população, estão incluídos no mapa da fome do mundo. No processo de sua colonização pelos ingleses, a agricultura de produtos alimentares também foi substituída pela de exportação (algodão, chá etc.) – processo que, com a globalização da economia e das finanças, continua até os dias atuais.

Amartya Sen, economista indiano, criador do Índice de Desenvolvimento Humano para avaliar o nível de desenvolvimento social das sociedades humanas, referindo-se ao seu país natal, afirmou:

> (...) Nosso governo foi capaz de ignorar a fome endêmica, a subnutrição crônica grave, pois essa "fome" nunca resultou numa investida sobre o mercado nem num caos e não se acentuou como fome aguda, pela qual as pessoas morrem de inanição. Uma fome ordenada e persistente não subverte o sistema (...)[15].

Na América espanhola

A colonização espanhola na América também deixou suas tristes consequências: extermínio da população nativa e sua escravidão, introdução da *plantation*, fome e miséria para a maioria da população.

A conquista espanhola caracterizou-se, de início, pela pilhagem das riquezas em ouro, prata e pedras preciosas acumuladas pelas civilizações inca, maia, asteca etc. Após a redução dos estoques de ouro, prata e pedras preciosas, os espanhóis passaram a organizar sua conquista e colonização em duas bases: o sistema das *encomiendas* e a exploração mineral.

As *encomiendas* eram vastas extensões de terras destinadas à produção agrícola. Eram entregues pela Coroa espanhola aos colonizadores – chamados, então, de *encomenderos* –, que recebiam também um

[15] In: Dumont, René;. *Um mundo intolerável*: o liberalismo em questão. Rio de Janeiro, Revan, 1989. p. 153.

núcleo indígena para servir-lhes de mão de obra escrava. Em troca, os *encomenderos* se colocavam como "tutores espirituais" dos indígenas sob sua responsabilidade, cabendo a eles cristianizá-los.

A implantação das *encomiendas* promoveu a desestruturação da agricultura de subsistência praticada pelos povos nativos do Novo Mundo e introduziu a grande propriedade rural que está presente até hoje, em larga escala, na estrutura fundiária da América Latina: os latifúndios. Vastas áreas de terra foram, então, ocupadas com culturas de cana-de-açúcar, principalmente nas Antilhas e no Peru; de café, na América Central e Colômbia; e de banana, do Equador à América Central. A agricultura nativa, que estava organizada para atender às necessidades alimentares da população, regrediu. O interesse do colonizador, como se sabe, voltava-se para o abastecimento do mercado externo.

Nas áreas de exploração mineral (Bolívia, Peru, México etc.) ocorreu também a desarticulação do sistema produtivo agrícola. As populações nativas foram brutalmente arrancadas de seus campos e escravizadas para servir de mão de obra no trabalho de exploração das minas.

Numa segunda fase da colonização, formaram-se as *oligarquias nacionais*, associadas a interesses estrangeiros. Essas alianças perduram até os dias atuais, mantendo uma estrutura fundiária injusta e uma relação de trabalho de exploração, que são, entre outros fatores, causadores da pobreza e da fome de grande parcela da população da América Latina.

Brasil: agricultura de exportação *versus* agricultura de subsistência

Uma visão histórica

Assim como a América espanhola, o Brasil foi incorporado ao capitalismo europeu no início do século XVI, passando daí a fazer parte do conjunto de colônias que forneciam matérias-primas às metrópoles europeias.

Desde o início da colonização, os portugueses buscaram um produto que lhes proporcionasse grandes lucros, justificando, assim, a permanência e posse do território. Não encontrando, de imediato, riquezas minerais (ouro, prata e pedras preciosas), introduziram (a partir de 1530) *o cultivo da cana-de-açúcar*.

Os principais fatores que levaram à escolha da cana-de-açúcar foram: 1º) Portugal já tinha experiência no cultivo e na industrialização dessa planta tropical, pois realizava sua cultura nas ilhas da Madeira e de Cabo Verde, desde o século XV; 2º) o alto valor comercial do açúcar, acenando à burguesia mercantil com a obtenção de grandes lucros e acumulação de capital.

A principal preocupação, desde o início da colonização portuguesa, foi plantar cana para o fabrico de açúcar, ficando em segundo plano a produção de gêneros alimentícios de subsistência. Estes eram produzidos por pequenos agricultores em terras arrendadas dos grandes proprietários, e também pelos escravos em seu tempo livre (feriados, domingos ou após o trabalho diário na lavoura da cana).

Quando o produto agrícola de exportação subia de preço no mercado mundial, diminuía consideravelmente a produção de gêneros de subsistência. Isso porque todas as terras eram ocupadas com o plantio do produto de exportação e todos os escravos eram requisitados para o trabalho nas áreas cultivadas. Nesses períodos, aumentava a fome na colônia, principalmente entre a população escrava.

No período canavieiro, a crise da agricultura de subsistência chegou a atingir tão graves proporções que a metrópole teve de intervir com uma legislação que tornava obrigatório para o proprietário de terras destinar uma parte de seu domínio ao plantio de gêneros alimentícios.

Data dessa época o surgimento de pequenos produtores que se dedicavam à agricultura de subsistência praticada em terras não doadas pela Coroa cuja posse, dentro dos critérios oficiais, era ilegal. Foi desse modo que começaram a se formar as pequenas propriedades rurais no Brasil. Formaram-se, como se vê, como verdadeiros *apêndices da grande propriedade*.

Em relação à pequena propriedade rural no Brasil Colônia, o economista J. F. Graziano da Silva assim se expressa:

> Esses tipos, que foram a gênese dos pequenos agricultores no Brasil, sempre foram tidos como "vadios", "ociosos", e qualificações semelhantes. Sempre foram considerados como marginais pelas autoridades da Colônia e pela ideologia dominante da época. Não resta dúvida de que esses "marginais" nada mais são do que reflexos criados pelo próprio sistema latifundiário implantado no Brasil[16].

No início da atividade mineradora, no final do século XVII, as crises de falta de alimentos continuaram ocorrendo, chegando mesmo, às vezes, a ser muito profundas. Mas, com o tempo, a mineração acabou estimulando o desenvolvimento do setor de subsistência, agora não só com a participação do pequeno produtor, mas também com a participação do grande proprietário.

Com a extinção do regime de *sesmarias*, em 1822, e com a ausência de uma legislação, até 1850, que regulamentasse a propriedade da terra – a terra deixou de ser uma propriedade pessoal do rei de Portugal e, com a independência, passou a ser um patrimônio da nação brasileira – intensificou-se o sistema de posses, permitindo o surgimento de peque-

[16] Silva, J. F. Graziano da (coord.). *Estrutura agrária e produção de subsistência na agricultura brasileira*. São Paulo, Hucitec, 1978. p. 20.

nos produtores rurais nesse período. Entretanto, com a promulgação da Lei Eusébio de Queirós, em 1850, que proibiu o tráfico de escravos, limitando, portanto, a disponibilidade dessa mão de obra para o grande fazendeiro, a aristocracia rural apressou-se em elaborar, nesse mesmo ano, uma lei para proteger os seus interesses – a Lei de Terras. Essa lei estabeleceu que:

- todas as terras devolutas só poderiam ser adquiridas em hasta pública com pagamento a vista;
- o fruto da venda das terras serviria para financiar a vinda de trabalhadores rurais europeus – os imigrantes – para o Brasil;
- as posses ficavam proibidas.

A Lei de Terras beneficiou amplamente os grandes proprietários e serviu para reafirmar a grande propriedade rural no Brasil, os latifúndios, cujas raízes são encontradas no regime de sesmarias e na própria Lei de Terras de 1850. Tendo em vista que o acesso à propriedade da terra só era possível por meio de sua compra – nos Estados Unidos, a Lei de Terras de 1862 privilegiou sua doação pelo Estado –, excluíam-se todos aqueles que não tivessem condições de adquiri-la. Em consequência, produziu-se uma estrutura fundiária concentracionista, injusta e antidemocrática, perdendo-se, até, a oportunidade histórica de realização de uma reforma agrária, que provavelmente teria beneficiado a sociedade brasileira.

Para financiar a vinda de imigrantes para a grande lavoura cafeeira usava-se o dinheiro da venda de terras públicas para benefício também do grande proprietário, que não soube tratar bem essa mão de obra valiosa, submetendo-a, muitas vezes, à condição de servidão. Tal fato repercutiu negativamente na Europa, a ponto de frear o fluxo imigratório para o Brasil, país que, na época, precisava ser povoado, receber pessoas com conhecimentos técnicos e constituir um mercado interno de consumo. Para se ter ideia, enquanto o fluxo imigratório para o Brasil, entre 1800 e 1950, foi de aproximadamente 4 milhões de pessoas, no mesmo período dirigiram-se para os Estados Unidos cerca de 40 milhões de imigrantes; para a Argentina, 7 milhões; e para o Canadá, 5,2 milhões. No Brasil, os maus-tratos, o abandono dos imigrantes, a existência da escravidão (o Brasil foi o último país da América a abolir a escravidão) não eram condições favoráveis para despertar o interesse em emigrar para o nosso país. Como escreveu Manuel Diégues Junior:

> (...) Imigração e escravidão são dois termos que se repelem, e não seria possível desenvolver-se o movimento imigratório paralelamente ao trabalho escravo (...)[17].

Proibindo as "posses", a Lei de Terras comprometeu também o desenvolvimento da pequena propriedade rural destinada à agricultura de produtos alimentares.

Essa opressão e outras de naturezas distintas que se seguiram nos anos posteriores, praticadas pelas classes dominantes, causaram reações por parte dos camponeses. Assumindo a forma de movimentos rurais, questionaram o poder político, como aconteceu em Canudos (1896-1897) e na Guerra do Contestado (1912-1916).

No fim do século XIX e início do século XX, a industrialização e a urbanização passaram a exercer influência na produção agrícola. A indústria, necessitando de matérias-primas vegetais, e a população urbana em crescimento, favoreceram o desenvolvimento da produção de alimentos no campo. Não só a pequena e média propriedade rural cumpriam essa função,

[17] Diégues Junior, Manuel. *Etnias e culturas no Brasil*. Rio de Janeiro, Paralelo; Instituto Nacional do Livro/MEC, 1972. p. 105.

mas também a grande propriedade, aproveitando, no caso das fazendas de café, os corredores do cafezal para o plantio de feijão, milho etc. Entretanto, a expansão da agricultura de produtos alimentares, no período considerado, não se deu em decorrência de medidas governamentais de incentivo à pequena propriedade rural. Esta expandiu-se no Sudeste, como consequência da marcha do café na busca de novas terras para o cultivo e do abandono das terras "cansadas" por causa da exploração extensiva. As terras que ficaram "para trás", divididas em lotes e colocadas à venda por seus proprietários, os fazendeiros de café, possibilitaram o crescimento da pequena propriedade rural produtora de gêneros alimentícios (Vale do Paraíba, Zona da Mata Mineira, região de Campinas, em São Paulo etc.). Já no Sul, a colonização estrangeira – alemã, italiana, polonesa etc. –, realizada em moldes diferentes dos do Sudeste, teve na pequena propriedade rural e na agricultura familiar a base de sua afirmação. No Nordeste, a herança colonial manteve, na Zona da Mata, o latifúndio açucareiro. O Agreste, antiga área de criação de gado do século XVIII, transformou-se predominantemente em agrícola, nos séculos XIX e XX, em vista das necessidades crescentes de alimentos por parte da Zona da Mata. A tendência de retalhamento da propriedade da terra que vinha se verificando no século XIX, nessa sub-região do Nordeste, acentuou-se no século XX, sem contudo alterar o caráter antidemocrático da concentração da propriedade da terra. Da segunda metade do século XIX até a década de 1960, a região Norte e a região Centro-Oeste, com populações reduzidas e economias de base extrativista vegetal, possuíam pequenos agricultores que abasteciam as regiões. Entretanto, essas regiões dependiam da compra de alimentos das demais.

A partir da crise de 1929, que abalou o sistema capitalista mundial, a economia brasileira entrou numa fase de transição. De país predominantemente agrário, iniciou a trajetória para tornar-se urbano-industrial. Sendo sua economia assentada na exportação do café e não tendo para quem vendê-lo, em vista da crise mundial, tal situação conduziu à diversificação da produção agrícola e ao parcelamento de muitas propriedades ocupadas por café. Nessas circunstâncias, multiplicaram-se os pequenos produtores rurais (sitiantes) ocupados com a produção de alimentos para atender ao crescente aumento populacional urbano. Mais uma vez, percebe-se que a pequena propriedade voltada para a produção de alimentos se instala não em decorrência de providências políticas governamentais, mas sim como apêndice da grande propriedade, pois predominou até a década de 1950, no Brasil, o modelo econômico primário-exportador.

Manifestação contra a carestia, no Rio de Janeiro, em 1923.

Nas cidades, os baixos salários vigentes para muitos trabalhadores comprometiam não só a alimentação, como também outras necessidades, como educação, saúde, moradia, vestuário etc., levando multidões a realizar passeatas contra a fome e a carestia.

A fome ou desnutrição, que vinha desde o período colonial, passando pelo Império e entrando pela República, continuou até a atualidade, em vista da manutenção de um modelo agroexportador, calcado na modernização conservadora.

O modelo agrícola pós-1964

O golpe de Estado de 1964 implantou no Brasil um regime político autoritário e um modelo econômico com base no capitalismo dependente, associado e excludente. Dependente e associado porque incentivou a entrada e a atuação de empresas estrangeiras – as transnacionais – no país, em associação ou não com empresas nacionais. Excludente, pelo menos sob três aspectos: político, econômico e cultural. Sob o ponto de vista político, porque excluiu a população brasileira de participar da vida política nacional. Economicamente porque, favorecendo a concentração da renda e da propriedade, orientando e estimulando a produção para a demanda das classes média-alta e alta, acabou excluindo a maior parte da sociedade brasileira do crescimento econômico. Culturalmente, porque estabeleceu uma rígida censura sobre os meios de comunicação, sobre o sistema educacional e sobre toda manifestação artística e cultural, impedindo, autoritariamente, qualquer tipo de questionamento e discussão sobre a ordem política, social e econômica imposta.

Quanto à atividade rural, no decorrer dos governos militares, apesar de os protagonistas do golpe, que criaram o Estatuto da Terra no governo Castelo Branco (Lei nº 4.504, de 30 de novembro de 1964), afirmarem que havia a necessidade de fazer reformas no campo, e que era imperiosa uma solução democrática para o acesso à terra, visando conter descontentamentos no meio rural e, de modo geral, na sociedade brasileira, o que se viu foi outra coisa. Os conflitos no campo se multiplicaram, e a militarização da questão agrária proporcionou diferentes formas de violência contra os trabalhadores rurais ou camponeses. A figura do jagunço, uma espécie de peão da força privada dos latifundiários, assassinou, no ano de 1985, cerca de um trabalhador rural a cada dia (média anual). A democratização da posse da terra não ocorreu, e a reforma agrária pensada para fortalecer o capitalismo e, consequentemente, para conter a expansão do socialismo, também não ocorreu. O que de fato aconteceu foi o fortalecimento e a modernização do latifúndio, concomitantemente à ampliação da exclusão social. Assim:

> (...) o processo de modernização da agricultura brasileira - conservador, parcial, excludente e ecologicamente insustentável - acelerou a exclusão social e a degradação ambiental no campo brasileiro, incrementando a luta por reivindicações históricas do Movimento Sindical dos Trabalhadores Rurais (MSTR) que surgem para superar os prejuízos sociais e políticos causados pelo modelo agrário e agrícola imposto ao país (...)[18].

Data desse período o surgimento das comunidades eclesiásticas de base, que, de acordo com os ensinamentos da Teologia da Libertação, incentivaram organizações populares a buscar os seus direitos e a participar democraticamente das questões políticas e sociais.

A agricultura brasileira, após 1964, passou por uma série de transformações:

- ampliação da área dos estabelecimentos agropecuários, principalmente em decorrência da expansão da fronteira agrícola em direção às regiões Centro-Oeste, Norte e Meio-Norte;
- expansão do capitalismo no campo por meio da grande empresa agropecuária e do agronegócio, deixando como resultado:
  a) o aumento da produção agropecuária, seguida da destruição de milhares de pequenas unidades de produção, onde o camponês praticava a agricultura de subsistência com excedente comercializável ou não;

[18] Santos, Manoel José dos. Projeto alternativo do desenvolvimento rural sustentável. *Estudos avançados*, v. 15, n. 43, São Paulo, Instituto de Estudos Avançados da Universidade de São Paulo, set./dez. 2001. p. 225.

b) a alteração das relações de trabalho, transformando o colono e o camponês em boia-fria ou em trabalhador rural assalariado;

c) aprofundamento da concentração da propriedade da terra nas mãos de poucos, não só por meio da expansão da fronteira agrícola, mas também pela absorção das terras do pequeno e médio produtor rural, pela grande empresa ou pelo grande proprietário rural, reafirmando o modelo de modernização conservadora e não o da democratização do acesso à terra ou a reforma agrária;

d) exacerbação dos conflitos sociais no campo entre grileiros e posseiros, entre fazendeiros e indígenas e entre os sem-terra e proprietários rurais etc.;

e) aburguesamento e internacionalização do latifúndio, por meio da penetração de capitais de empresas nacionais e estrangeiras, tanto industriais como financeiras (bancos, empresas comerciais, indústrias automobilísticas etc.);

f) manutenção da prioridade histórica de incentivo aos cultivos de exportação, em detrimento da agricultura de produtos alimentares.

Essas transformações estão no cerne da questão da fome e da pobreza no Brasil. Com a busca de empréstimos no exterior para financiar o crescimento econômico brasileiro, a agricultura continuou a arcar com um grande ônus na obtenção de divisas, por meio da exportação, para o pagamento dos juros ou serviços da dívida externa, que vinha aumentando ano após ano. Durante o Estado autoritário, ocorreu grande expansão do cultivo de produtos destinados à exportação. O próprio governo lançava mão, em jornais, revistas e televisão, de certos *slogans* para estimular a produção e a exportação: "O que importa é exportar","Exportar é a solução", mesmo que essa política agrícola fosse feita à custa da pobreza e da fome. Mostrava-se, assim, que era mais importante exportar que incentivar a agricultura de produtos alimentares.

As tabelas a seguir são bastante esclarecedoras quanto à expansão da área de cultivo de produtos da agricultura comercial de exportação (cana-de-açúcar, laranja e soja) e da agricultura de produtos alimentares destinados ao mercado interno (milho, arroz, feijão e mandioca) em dois períodos pós-1964.

TABELA 2. BRASIL – CRESCIMENTO DA ÁREA CULTIVADA (1970-1980) (EM %)

Agricultura de exportação		Agricultura de produtos alimentares	
Soja	390	Arroz	20
Laranja	154	Feijão	18
Cana	49	Milho	11
		Mandioca	2,5

Fonte: Cálculos tendo por base dados de Homem de Melo, Fernando. *O problema alimentar no Brasil*: a importância dos desequilíbrios tecnológicos. Rio de Janeiro: Paz e Terra, 1983.

TABELA 3. BRASIL — AUMENTO OU DIMINUIÇÃO DA ÁREA CULTIVADA DE PRODUTOS DA AGRICULTURA DE EXPORTAÇÃO E DE PRODUTOS ALIMENTARES, ENTRE 2000 E 2010 (EM %)

Agricultura de exportação		Agricultura de produtos alimentares	
Soja	70,5	Milho	2,7
Laranja	–2,69	Feijão	–17,7
Cana	87,8	Arroz	–25,0
Café	–5,7	Mandioca	4,4

Fonte: Elaborada com base em IBGE. *Anuário Estatístico do Brasil 2001*. Rio de Janeiro: IBGE, 2003. p.3-20; *Anuário Estatístico do Brasil 2011*. Rio de Janeiro: IBGE, 2012. p. 172 e 173.

As tabelas mostram dois períodos: a primeira referente à década de 1970-1980 e a segunda, de 2000 a 2010. Na primeira, nota-se que a expansão da área de cultivo dos produtos de exportação listados supera de forma significativa a dos produtos alimentares, confirmando a política governamental de privilégio da primeira em detrimento da segunda.

Na segunda, referente a tempos mais recentes, percebe-se que a tendência de incremento à agricultura de exportação continuou, destacando-se as duas *commodities* (produtos primários de grande importância econômica, como a soja e a cana-de-açúcar, por exemplo), enquanto a área cultivada com produtos alimentares decresceu.

Poder-se-ia argumentar que o decréscimo da área cultivada de arroz e de feijão ou que o aumento da área de cultivo do milho e da mandioca, expressos na segunda tabela, foram compensados pelo aumento da produtividade ou do rendimento. Não resta dúvida de que o aumento do rendimento das lavouras brasileiras tem sido expressivo. Têm ocorrido grandes saltos. Em 2000, por exemplo, o rendimento médio da cultura de arroz no Brasil era de 3.038 kg/ha; em 2010, elevou-se para 4.127 kg/ha, o que corresponde a um aumento de 35%. O rendimento médio por hectare de feijão era, na década de 1970, da ordem de 507 kg, e atualmente se encontra em torno de 923 kg, correspondendo a um acréscimo de 82%. No entanto, não podemos creditar ao aumento dos rendimentos por hectare a diminuição ou o aumento da área cultivada com produtos da agricultura alimentar. Existe, de modo geral, desinteresse do grande produtor rural pela agricultura de produtos alimentares, em decorrência das políticas de preço adotadas internamente, que nem sempre o favorecem e muitas vezes mal cobrem seus custos de produção (são as pequenas propriedades que respondem pela maior produção da agricultura alimentar).

Apesar do aumento significativo do rendimento por hectare plantado ou da produtividade agrícola nos últimos 40 anos, o Brasil continua sendo um país importador de grãos (arroz, feijão e trigo), evitando, com esse expediente, sérios colapsos de abastecimento alimentar. Nos últimos anos, as importações de feijão preto têm sido realizadas da China e da Argentina. Em 2012, a seca nas regiões Nordeste e Sul comprometeu suas safras. Entretanto, não é apenas a seca a responsável pela importação. Há anos o Brasil tornou-se importador pelos motivos explicados anteriormente. Quanto ao arroz, alimento também básico na mesa dos brasileiros, o principal fornecedor é o Uruguai, seguido da Argentina, do Paraguai e dos Estados Unidos.

Essa condição de importador de alimentos básicos é extremamente paradoxal, considerando-se:

- a grande disponibilidade de terra agricultável no Brasil;
- o grande contingente de mão de obra disponível, incluindo aqui os sem-terra;
- a existência de milhões de brasileiros pobres e desnutridos.

O Brasil, com uma política agrícola e agrária ainda presa ao modelo colonial agroexportador e à divisão internacional da produção, que tem optado por exportar soja e suco de laranja, ou, ainda, por abastecer tanques de automóveis com álcool de cana-de-açúcar (o álcool não se destina ao abastecimento de caminhões, ônibus e tratores), poderia fazer mais para incrementar a produção de alimentos baratos para sua população. Não resta dúvida de que a agricultura de exportação ou a agroindústria são de fundamental importância para o país. Respondem por expressivas divisas, de que o Brasil tanto necessita, e estimulam a pesquisa científica e tecnológica, além de serem fontes de emprego. Desde a década de 1950, observa-se que muitos pequenos produtores rurais têm vendido suas terras em decorrência de pressões de grandes proprietários ou da impossibilidade de introduzir técnicas modernas de produção para elevar o rendimento e obter poder de competição. A própria expansão da fronteira agrícola nas mais distantes áreas do país coloca, covardemente, numa mesma arena, agentes econômicos desiguais, que fatalmente conduzem a relações desiguais e levam o mais fraco a sucumbir ou a desistir. Sucumbindo à produção rural ou desistindo dela, famílias mudam-se para a periferia das cidades, onde passam a engrossar a massa de excluídos urbanos, com todas as suas consequências. Os migrantes encontram cidades despreparadas para receber tal contingente populacional e consequentemente os índices de pobreza, violência e fome aumentam. Da condição que ocupavam "com terra", muitos passam, tristemente, para a situação de "sem teto".

Em vista do que foi exposto anteriormente, é o caso de perguntar: que modelo de desenvolvimento é esse – e os do passado também – que, em vez de inserir o grande conjunto de despossuídos da sociedade brasileira na economia, os exclui? Não é possível haver um modelo que inclua todos? Sabe-se que sim, mas, com certeza, ele esbarra em interesses de grupos que freiam a todo custo modelos que não os beneficiem ou que deles retirem privilégios. É esse o caso, por exemplo, da tão comentada e não realizada reforma agrária. Não estamos nos referindo à reforma agrária apenas distributivista, ou seja, de distribuição de terra a quem não a possui. Pensamos em seu sentido amplo: crédito, educação agrícola, comercialização, possibilidade de escoamento da produção, formação de cooperativas, assistência técnica etc. Possibilitaria, sem dúvida alguma, integrar milhões de pessoas à sociedade e ao mercado, garantindo direitos, cidadania, renda, dignidade, bem como a segurança alimentar de que tanto necessitamos. A reforma agrária implicaria, portanto, o fortalecimento da agricultura familiar, sem prejuízo à agricultura empresarial, fato que contribuiria para tirar o Brasil de sua situação social deprimente, para não dizer obscena – é obsceno permitir a existência da miséria, da pobreza e da fome, quando há condições para superá-las.

3. Agricultura patronal *versus* agricultura familiar: a injusta estrutura fundiária e a fome

NÃO EXISTE RELAÇÃO CAUSAL ENTRE SUPERFÍCIE CULTIVADA E FOME. MAS A EXISTÊNCIA DO SUBAPROVEITAMENTO DA TERRA E A FOME É OUTRA ENTRE TANTAS CONTRADIÇÕES DE NOSSO TEMPO.

Agricultura familiar e patronal

O caráter concentrador da propriedade da terra é encontrado, de modo geral, nos países subdesenvolvidos. São países que, como o Brasil, têm um passado colonial norteado pela colonização de exploração. A ocupação e a utilização da terra e de seus recursos foram realizadas segundo os interesses das metrópoles, com grandes unidades de produção agrícola (*plantations*) voltadas fundamentalmente para atender o mercado externo, como já fora assinalado anteriormente.

Essa colonização propiciou a formação de oligarquias e deixou como herança estruturas fundiárias arcaicas, injustas e antidemocráticas.Tal situação não só permanece nos dias atuais, como também sofre pressões por parte de grupos sociais para que não se altere.

Existem dois extremos na estrutura fundiária: um deles representado pelo latifúndio e outro pelo minifúndio. Enquanto no latifúndio improdutivo ou mesmo no latifúndio subutilizado existe o desperdício do recurso terra, no minifúndio, em vista de sua exiguidade territorial, que não permite à família que nele trabalha obter uma produção que lhe garanta um nível digno de vida, boa parte de sua força de trabalho é desperdiçada. Assim, é comum o minifundiário sair de sua exígua propriedade, juntamente com os filhos maiores, e buscar emprego nos latifúndios, engrossando, em consequência, a massa de boias-frias ou trabalhadores temporários. Quando não se deslocam para as propriedades rurais maiores em busca de trabalho, dirigem-se para as cidades, aumentando as periferias urbanas. Essa situação deplorável é resultado de uma estrutura fundiária injusta, incapaz de fixar o homem no campo, e que não lhe permite obter da terra rendimento satisfatório para si e para a família.

O geógrafo chileno Pedro Cunill, ao estudar a América andina, assim descreveu o que chamou de "feiras da fome". Apesar de ser uma observação realizada na década de 1980, ainda é válida nos dias atuais:

> (...) A expansão do regime de minifúndio faz com que boa parte das propriedades não chegue a produzir um excedente comercializável. Não obstante, a urgente necessidade de certos artigos, como roupas, instrumentos de trabalho e medicamentos, sem contar a precisão dos serviços de assistência e o vago anseio de desenvolvimento espiritual, obrigam o trabalhador rural a levar ao mercado local, ou a vender a um intermediário, os produtos indispensáveis à alimentação da família. Tal situação emprestou aos centros de trocas locais uma falsa aparência. Poder-se-ia acreditar que existe excesso de produção de certos artigos de primeira necessidade, quando se trata, antes, de uma espécie de feira da fome, para famílias que ali vão trocar ovos, leite, carne, milho, trigo, frango, por roupas, serviços de abastecimento, a receita do curandeiro, drogas, álcool (...)[19].

[19] Cunill, Pedro. *A América Andina*. São Paulo, Difusão Europeia do Livro, 1988. p. 94.

O pequeno rendimento do minifundiário e a barganha de produtos alimentares, produzidos no minifúndio, por artigos que não se destinam a sua alimentação contribuem ainda mais para sua desnutrição ou fome.

Se, por um lado, o minifúndio, pelas razões apontadas, é um problema nas estruturas fundiárias, por outro, o latifúndio improdutivo ou subutilizado também não deixa de o ser. Ao desperdiçarem o recurso terra, em nome do "sagrado direito à propriedade", os latifundiários estão, na verdade, impedindo que famílias tenham acesso a esse bem. Em consequência, tal situação não só contribui para aprofundar ainda mais a desesperança e a miséria de milhões de trabalhadores rurais, mas também impede que a terra cumpra sua função social, que é a de produzir. Impedindo que outros produzam, o latifúndio improdutivo ou subutilizado torna-se, então, juntamente com o minifúndio, um problema a ser vencido pela ação do Estado, por meio da reforma agrária. Países que a realizaram após a Primeira Guerra Mundial, como é o caso do Reino Unido, ou de outros, após a Segunda Guerra Mundial – Japão, Coreia do Sul e Taiwan – obtiveram resultados altamente favoráveis. A reforma agrária nesses países possibilitou a inclusão social e o aumento da renda dos agricultores, e consequentemente a formação de um mercado interno de consumo de razoável poder aquisitivo. Esse mercado constituiu a base de sustentação do processo de industrialização desses países. No Brasil, o modelo de modernização conservadora impediu a reforma agrária. Somos ainda um país industrializado subdesenvolvido; os mais recentes indicadores sociais atestam essa condição.

Quanto aos Estados Unidos, o *Homestead Act* (Lei da Propriedade Rural) de 1862, que permitiu ao Estado doar 160 acres de terra no oeste a quem a cultivasse pelo menos por 5 anos, além de favorecer a democratização de acesso à terra, permitiu também a formação de pequenas propriedades de base familiar. São exemplos muito diferentes da opção brasileira, que historicamente sempre valorizou a grande propriedade – a grande fazenda – em detrimento da pequena propriedade familiar.

Especialistas no assunto mostram que a grande propriedade agrícola – a agricultura patronal – está cada vez mais empregando menos trabalhadores, acarretando, em consequência, a concentração da renda e a exclusão social. Dispondo de oferta abundante de mão de obra barata, a agricultura patronal nada contribui para melhorar a distribuição da renda; ao contrário, favorece sua concentração.

Mantendo-se, então, o padrão de utilização da terra calcado na grande propriedade e dificultando reformas agrárias que priorizem a agricultura familiar, dificilmente se resolverá a questão agrária que tanto aflige os países da periferia e seus trabalhadores sem terra. No caso do Brasil, a crescente favelização das periferias das cidades motivada pelo intenso êxodo rural, a brutal desigualdade de renda existente, o acentuado caráter concentrador da propriedade da terra rural e a dependência do país da importação de produtos básicos da alimentação (arroz e feijão, por exemplo) justificam uma reforma agrária que privilegie a agricultura familiar, desde que esta inclua efetivamente no processo significativos investimentos em tecnologias, formação de cooperativas, créditos, educação agropecuária, infraestrutura de transportes etc. Além de fixar famílias no campo, aliviando as pressões sobre as cidades, a agricultura familiar propiciaria a inclusão social por meio da elevação da renda. Consequentemente, serviria para combater a pobreza e a fome, além de ampliar o mercado interno de consumo com todas as suas repercussões benéficas para as demais cadeias produtivas. O professor José Eli da Veiga, ao referir-se à agricultura familiar, diz que o padrão bem-sucedido de utilização da terra:

> (...) é característico de sociedades que valorizam a agricultura e o espaço rural e, por isso, preferem ter muitos agricultores familiares e poucos boias-frias, em vez de muitas favelas e um punhado de "reis", sejam eles do gado, da soja, da cana ou da laranja (...)[20].

Entretanto, para que a agricultura familiar se firme no cenário agrário brasileiro, há a necessidade de vencer um mito historicamente construído no Brasil. O mito de que apenas a grande propriedade e a agricultura patronal com trabalho assalariado são capazes de produzir, em bases sólidas e a custos baixos, quantidades elevadas de produtos agropecuários para atender as demandas interna e externa. Concomitantemente, esse mito também desenvolveu a ideia de que os pequenos produtores ou a agricultura familiar são incapazes e ineficientes, seja por falta de tecnologia ou capital, seja por não dominarem com eficiência os princípios da administração empresarial. Isso não é correto. Analisando-se, por exemplo, a origem da produção agrícola de alimentos básicos em função da dimensão das propriedades, vê-se que são os pequenos e médios produtores rurais os responsáveis pela maior produção. No Brasil, eles respondem por cerca de 70% da produção de alimentos de base. No México, a maior parte da produção de milho – que é o alimento principal da população mexicana, desde os tempos da civilização maia – e de feijão é realizada também pelos pequenos produtores rurais. Esse fato se repete nos demais países latino-americanos, asiáticos e africanos, mostrando claramente que o mito cumpre o seu papel, ou seja, o de mascarar a realidade, favorecendo, em contrapartida, a expansão das grandes propriedades, principalmente daquelas utilizadas para a agricultura comercial de exportação, que são, justamente, as que possuem maior disponibilidade de créditos e

---

[20] Veiga, José Eli da. *A face rural do desenvolvimento*: natureza, território e agricultura. Porto Alegre, UFRGS, 2000. p. 90.

de assistência técnica. A grande propriedade vem sistemática e crescentemente absorvendo maiores áreas e transformando-se em complexos agroindustriais de grande porte empresarial. Não resta dúvida de que os complexos agroindustriais e a agricultura comercial de exportação são importantes para o Brasil, como já foi apontado anteriormente; respondem, por exemplo, por cerca de 30% do PIB brasileiro. No entanto, o que se questiona é o privilégio que se dá a esse padrão de desenvolvimento agrícola, pois ele é responsável pela não fixação dos trabalhadores no campo. Considerando-se o Brasil – que necessita urgentemente resolver o grande problema da inserção de milhões de famílias e principalmente de jovens (estes representam mais de 50% dos desempregados no nosso país) no circuito da economia, possibilitando-lhes trabalho, educação e elevação da renda –, esse padrão é questionável. Assim, a agricultura familiar surge como uma alternativa para se combater a miséria, a pobreza e a fome. Não somente em relação ao campo, mas também quanto às cidades, pois suas populações serão beneficiadas, uma vez que o desenvolvimento da agricultura familiar implica a ampliação do mercado interno consumidor de bens produzidos pela indústria, como também de serviços. Ao estimular a maior produção, consequentemente estará gerando mais empregos.

Cumpre também lembrar que a agricultura familiar vai ao encontro dos princípios do desenvolvimento sustentável, possibilitando atividades agrícolas adaptadas aos ecossistemas locais, respeitando os seus recursos e causando menores impactos ambientais. Isso não ocorre nas grandes lavouras monocultoras.

A estrutura fundiária brasileira

Entende-se por estrutura fundiária o número e o tamanho dos imóveis rurais, e sua classificação segundo as categorias dimensionais (classes de áreas). Num sentido amplo, corresponde ao conjunto das relações entre o homem e a terra, no que concerne à sua exploração, às formas predominantes existentes, ao tamanho dos estabelecimentos agrícolas, e que se traduz por paisagens rurais diversificadas.

Como já foi mencionado, a estrutura fundiária brasileira caracteriza-se pelo alto grau de concentração da terra nas mãos de poucos proprietários, mostrando-se, assim, injusta e antidemocrática.

TABELA 4. BRASIL: ESTRUTURA FUNDIÁRIA – 2006

Grupos de área (ha)	Estabelecimentos agropecuários	
	Número em %	Área (ha) em %
De 0,1 a menos de 10	47,9	2,4
De 10 a menos de 100	38,0	19,0
De 100 a menos de 1.000	8,2	34,2
De 1.000 a menos de 2.500	0,6	14,6
Mais de 2.500	0,3	29,8
Produtor sem área*	5,0	–
TOTAL	100,0	100,0

Fonte: IBGE. *Censo agropecuário 2006*. Disponível em: <www.ibge.gov.br>. Acesso em: 14 jan. 2014.
* Produtores na condição de "assentados sem titulação definitiva" e produtores com acesso temporário ou precário às terras na condição de arrendatários, parceiros e ocupantes.

Considerando-se a tabela, observa-se que:

- 47,9% dos estabelecimentos rurais (de menos de 10 hectares) abrangem apenas 2,4% da área total ocupada por todos os estabelecimentos agropecuários;
- em contrapartida, apenas 0,9% deles (iguais e superiores a 100 hectares) ocupam 44,4% da área total.

Somada à estrutura fundiária concentradora, existe a questão da terra improdutiva e subutilizada. Segundo o geógrafo Ariovaldo Umbelino Oliveira, com base nos dados do Incra (Instituto Nacional de Colonização e Reforma Agrária), em 2003, havia 54.781 imóveis rurais improdutivos, abrangendo uma área de 120.436.202 hectares. Desse total, apenas 10.545 imóveis – classificados como latifúndios, pois possuíam área superior a 50 módulos fiscais – abrangiam 59.800.000 hectares[21].

Vê-se que o Brasil está desperdiçando áreas exploráveis, que no mínimo poderiam aumentar a produção agrícola, considerando-se a produtividade média atual das lavouras brasileiras. O desperdício, no caso, não é só de terra, é também de gente, pois a demanda social por terra pode alcançar 4 milhões de famílias (nesse total estão incluídos os arrendatários, meeiros, parceiros, posseiros, minifundiários, trabalhadores rurais assalariados e sem-terra).

É inadmissível que o Brasil possua terras ociosas e, ao mesmo tempo, tenha grande contingente de famílias sem-terra, muitas delas vivendo em condições de miséria, pobreza e desesperança. Assim, a injusta estrutura fundiária tem relação direta com a fome e a miséria. O combate à fome, à miséria e ao desemprego não pode prescindir da reforma agrária. O debate em torno do que deve predominar, se é a grande propriedade, o agronegócio ou a pequena propriedade produtiva, é inútil. O importante é combinar diferentes formas ou alternativas de produção, voltadas tanto para o mercado externo quanto para o mercado interno. E que efetivamente os "deserdados" tenham acesso à terra, pois manter terras improdutivas ou ociosas, quando há gente disposta a trabalhá-las, é um paradoxo. É, no mínimo, um absurdo.

---

21 Oliveira, Ariovaldo Umbelino. *A política de reforma agrária*. Disponível em: <www.landaction.org/spip.php?article529&lang=pt_br>. Acesso em: 13 jan. 2014.

4. Relação entre rendimento e alimentação no Brasil

EM 1960, UM TRABALHADOR NO BRASIL, A FIM DE ALCANÇAR REMUNERAÇÃO SUFICIENTE PARA ADQUIRIR A CESTA BÁSICA DE ALIMENTOS, PRECISAVA TRABALHAR 81 HORAS E 30 MINUTOS. MAS EM 2000, 40 ANOS DEPOIS, ERAM NECESSÁRIOS 162 HORAS E 2 MINUTOS. E, EM 2010, GRAÇAS À RECUPERAÇÃO PARCIAL DO VALOR REAL DO SALÁRIO MÍNIMO, ERAM NECESSÁRIOS 106 HORAS E 56 MINUTOS[22].

O estudo das condições de alimentação de uma população não pode ser realizado sem levar em conta seu rendimento ou renda. A baixa renda explica em grande parte por que existe fome e quais grupos são mais vulneráveis a ela.

Em 1938, após longo processo de luta da classe operária, o governo Vargas instituiu como direito de todo trabalhador, homem ou mulher adultos, o salário mínimo, ou seja, a menor remuneração permitida por lei, pago pelo empregador para o empregado (Decreto-lei nº 399, de 30 de abril de 1938).

O valor do salário mínimo foi estabelecido visando satisfazer, em nível adequado, as necessidades básicas do trabalhador (alimentação,

[22] Fonte dos dados: *Saúde e Trabalho no Brasil*. Rio de Janeiro/Petrópolis, Vozes/ Ibase, 1982. p. 27; Departamento Intersindical de Estatística e Estudos Socioeconômicos (Dieese). *Anuário estatístico dos trabalhadores*. 11. ed. São Paulo, Dieese, 2011. p. 59.

vestuário, produtos de higiene, transporte, moradia etc.). Entretanto, passados todos esses anos, esse direito, reconhecido em 1938, foi se diluindo, na prática. Ocorreu perda considerável do valor real do salário mínimo, ou seja, seu poder de compra se deteriorou, em vista dos crescentes aumentos do custo de vida, comprometendo, em consequência, as condições de vida do trabalhador. Não conseguindo repor a energia física e mental, despendida no trabalho, por meio de uma alimentação adequada, e muito menos suprir suas outras necessidades, os trabalhadores de baixo salário passaram a engrossar a massa dos despossuídos ou excluídos. Levando-se em conta que as despesas de transporte e de aluguel da casa, cortiço ou barraco são mais difíceis de ser reduzidas, resta-lhes, então, a lamentável alternativa de cortar ou diminuir despesas com a alimentação. Necessitando trabalhar cada dia mais e alimentando-se cada vez menos, seja em quantidade ou qualidade, as consequências para sua saúde e a de sua família tornam-se drásticas.

Para se ter ideia da defasagem do salário mínimo ao longo dos últimos 50 anos, observe a tabela 5 a seguir. Ela mostra, ao longo dos anos relacionados, a quantidade de horas de trabalho que o trabalhador de salário mínimo teve de despender para adquirir a cesta básica de alimentos. Repare que houve perda significativa no valor real do salário mínimo entre os anos de 1960 e 2010. Ele não mais recuperou seu valor real de 1960, o que contribuiu, como já apontamos, para o comprometimento da condição de vida de grande parcela da população brasileira e a ampliação de sua vulnerabilidade às doenças. Entre as pessoas com rendimento mensal de até um salário mínimo, a expectativa de vida, ao nascer, é menor que entre as de maior rendimento. E, no entanto, todo ser humano tem o direito de viver o maior número de anos possível.

A tabela 5 mostra que em 2000, em relação a 1960, o trabalhador, para adquirir a cesta básica necessária a sua sobrevivência, dobrou suas horas de trabalho. E isso se deve à política de arrocho salarial das últimas décadas. Assim, milhões de trabalhadores foram lançados às fileiras do grande contingente dos despossuídos, dos pobres e dos miseráveis, facilitando, em contrapartida, o projeto de modernização conservadora, beneficiado amplamente pelo grande estoque de mão de obra a preço aviltante. Enquanto para as famílias cujos rendimentos se colocam em patamares superiores a vinte salários mínimos as despesas com alimentação representam menos de 15% do rendimento familiar, para as que ganham até dois salários mínimos ficam ao redor de 50% a 60% do orçamento. No Brasil, os alimentos não se destinam a quem precisa, mas àqueles que têm rendimento ou dinheiro para comprá-los.

TABELA 5. BRASIL: DEFASAGEM DO SALÁRIO MÍNIMO/ALIMENTAÇÃO

Ano	Horas de salário mínimo para aquisição da cesta básica
1960	81 horas e 30 minutos
1970	105 horas e 11 minutos
1975	149 horas e 40 minutos
1980	175 horas e 22 minutos
1985	175 horas e 30 minutos
1987	208 horas e 28 minutos
1988	167 horas e 48 minutos
1993	174 horas e 46 minutos
1994	225 horas e 10 minutos
1995	219 horas e 19 minutos
1996	193 horas e 46 minutos
1999	175 horas e 42 minutos
2000	172 horas e 41 minutos
2010*	106 horas e 56 minutos

* O cálculo refere-se apenas à cidade de São Paulo; em outras capitais, constatou-se menos tempo, com exceção de Porto Alegre, 107 horas e 1 minuto.

Fonte: *Saúde e Trabalho no Brasil*. Petrópolis: Vozes/Ibase, 1982. p. 27; Departamento Intersindical de Estatística e Estudos Socioeconômicos (Dieese). *Anuário estatístico dos trabalhadores*. 11. ed. São Paulo: Dieese, 2011. p. 59.

Durante o período recente dos governos autoritários, os trabalhadores foram reprimidos em suas manifestações contra o arrocho salarial. A greve passou a ser tratada como ato subversivo, questão de segurança nacional, ameaça aos interesses nacionais e ao bem-estar geral da nação, devendo, assim, ser combatida a todo custo. Por outro lado, os preços dos alimentos elevaram-se sem que houvesse reajustes salariais correspondentes, aprofundando ainda mais o problema da desnutrição e da pauperização da população de baixa renda.

Terminado o período autoritário, o país defrontou-se com outro problema. Os pesados encargos da dívida externa passaram a comprometer os investimentos sociais (educação, saúde etc.) e, consequentemente, as condições de vida da população de estratos de renda baixa.

Já os anos 1980, conhecidos como "a década perdida", caracterizaram-se, ainda, por índices inflacionários elevados, beirando, em certos momentos, a hiperinflação, penalizando, principalmente, os assalariados e agravando seu estado nutricional. Enquanto a inflação atingia com maior gravidade a população de baixa renda, as classes média e alta conseguiam proteger o valor de seu dinheiro por meio de aplicações no sistema financeiro. A crescente dívida interna levou os governos a emitir, cada vez mais, títulos da dívida pública para financiar o déficit orçamentário. Vendendo-os a taxas de juros compensatórias, o governo atraiu o sistema financeiro a comprá-los, instalando-se, principalmente na segunda metade da década de 1980, o que ficou conhecido como "ciranda financeira", gerando para aqueles portadores de dinheiro excedente e para as instituições bancárias grandes ganhos financeiros. Mas para a população pobre restaram grandes perdas. Os juros altos pagos por esses títulos levaram as empresas e pessoas a especular, ou seja, percorrer os bancos e verificar qual oferecia melhores taxas de juros para suas aplicações financeiras. A rentabilidade dessas aplicações desestimulou, por sua vez, os investimentos na produção de bens e serviços. Tornou-se mais rentável "jogar" (aplicar) no "cassino" em que o Brasil se tornou do que investir na produção. Consequentemente, o crescimento econômico, que já era modesto, tornou-se menor ainda, agravando a situação de desemprego e o quase sucateamento de várias atividades industriais, considerando que se deixou de investir em modernização ou em avanços tecnológicos.

Em termos percentuais, o PIB cresceu 16,9%, entre 1980 e 1991, o que representa uma média muito modesta de 1,5% por ano, que justifica o período ser chamado de "a década perdida". Nesse mesmo período, o crescimento populacional brasileiro apresentou uma média anual de 1,91%, superior, portanto, à do PIB. Houve, assim, a queda da renda *per capita*, juntamente com o aumento da pobreza e do conjunto de excluídos da sociedade brasileira. O modelo de modernização conservadora, associado ao capital financeiro, fez surgir uma nova exclusão social, no dizer dos autores do *Atlas da exclusão social no Brasil*:

> (...) De um lado, a velha exclusão continua sendo a marca das regiões geográficas menos desenvolvidas, diante da permanência da baixa escolaridade, da pobreza absoluta no interior das famílias numerosas e da desigualdade nos rendimentos. De outro lado, a nova exclusão vem contaminando rapidamente as regiões mais desenvolvidas (...)[23].

Retomando os dados da tabela 5, podemos observar que data de meados dos anos 1990 a recuperação parcial do valor real do salário mínimo. O combate à inflação por meio da estabilização econômica, realizada pelo Plano Real em 1994, no governo do presidente Itamar

[23] Campos, André *et al.* (orgs.). *Atlas de exclusão social no Brasil:* dinâmica e manifestação territorial. v. 2. São Paulo, Cortez, 2003. p. 34.

Franco (2/10/1992-1/1/1995), quando Fernando Henrique Cardoso era ministro da Fazenda, contribuiu decisivamente para esse fim.

A implantação de programas públicos sociais nos governos do presidente Fernando Henrique Cardoso (1995-2003), como o Bolsa Escola, o Bolsa Alimentação, além de outros, e a inclusão da segurança alimentar na pauta política do Brasil despertaram a sociedade brasileira para as questões da pobreza e da exclusão social (veremos no último capítulo, além desses programas, o Projeto Fome Zero).

Ao suceder Fernando Henrique Cardoso na presidência da República, Luiz Inácio Lula da Silva (2003-2011) aprofundou os programas sociais, alargando a sua abrangência e contribuindo para elevar o rendimento das famílias e diminuir o contingente de pobres, miseráveis e desnutridos do Brasil.

Com o aumento do rendimento familiar, seus membros puderam alimentar-se melhor, pois sabe-se que o acesso ao alimento depende de quem tem dinheiro para comprá-lo.

Assim, de meados dos anos 1990 até os dias atuais, constatou-se o aumento da renda *per capita* dos mais pobres em relação aos mais ricos, sem contudo deixar o nosso país de ser um dos "campeões" no mundo em desigualdade de renda. Para se ter ideia, segundo o Pnad (Pesquisa Nacional por Amostra de Domicílios), realizado pelo IBGE em 2011, *a população 10% mais rica do país* detinha *41% da renda nacional* (produto líquido total gerado pela economia de um país no período de um ano), enquanto aos *10% mais pobres* coube apenas *1,4% da renda nacional.* Trata-se de uma distribuição muito desigual (o Japão é o país menos desigual: os 10% mais ricos possuem renda 4,5 vezes superior à dos 10% mais pobres; no Brasil, é de 29 vezes).

Pode-se dizer então que, apesar dos avanços no combate à pobreza e à fome, os desafios ainda são gigantescos, pois muitos brasileiros ainda se encontram na condição de miséria e pobreza.

5. A revolução verde e os transgênicos

A "REVOLUÇÃO VERDE" FOI IDEALIZADA PARA SALVAR A AGRICULTURA DO MUNDO SUBDESENVOLVIDO DE UMA SUPOSTA INCAPACIDADE DE VENCER OS OBSTÁCULOS TECNOLÓGICOS, POIS NÃO ESTAVA NOS PLANOS DE SEUS IDEALIZADORES AJUDAR OS PAÍSES ATRASADOS A REMOVER O MAIOR DE TODOS OS SEUS OBSTÁCULOS: AS ESTRUTURAS TRADICIONAIS[24].

A revolução verde

A partir de 1950, os países capitalistas desenvolvidos intensificaram o processo de industrialização da agricultura no mundo subdesenvolvido, como parte da estratégia de revigoramento do sistema capitalista em âmbito mundial. Com base em um pacote tecnológico que estimulou o uso de máquinas e tratores, fertilizantes, sementes melhoradas e defensivos agrícolas, foram divulgadas por instituições norte-americanas (Fundação Rockefeller, Fundação Ford, Banco Mundial e outras, identificadas com os interesses de empresas transnacionais) várias medidas técnicas destinadas a aumentar a produção e a produtividade da agricultura nos países subdesenvolvidos. Foi o que ficou sendo conhecido como a "revolução verde".

[24] Guimarães, Alberto Passos. *A crise agrária*. Rio de Janeiro, Paz e Terra, 1979. p.223.

Essas instituições pregavam que a introdução de técnicas de produção e de trabalho utilizadas nos países ricos poderia resolver, em curto espaço de tempo, o problema da fome nos países pobres. A verdade, no entanto, é que esse conjunto de medidas foi concebido sob inspiração das grandes empresas transnacionais norte-americanas, interessadas na modernização da agricultura dos países subdesenvolvidos, uma vez que isso implicaria o consumo e a utilização de técnicas e produtos por elas desenvolvidos.

A mais importante dessas inovações eram as sementes híbridas de cereais, obtidas em laboratórios de pesquisa e conhecidas como Variedades de Alto Rendimento (VAR). De início, foram obtidas variedades dessas sementes em centros de pesquisas agrícolas no México (sementes de trigo) e nas Filipinas (sementes de arroz), instalados por fundações norte-americanas. Em poucos anos, os resultados mostraram-se excelentes. Os relatórios demonstravam que a produção de trigo e de arroz por hectare tinha aumentado duas, três e até mais vezes em relação às culturas realizadas com as sementes comuns.

Após esses resultados, a euforia da revolução verde espalhou-se pelo mundo. O Conselho de Desenvolvimento da Agricultura (ADC, Agricultural Development Council), criado nos EUA pelas fundações Ford e Rockefeller, inspirou a abertura de centros de pesquisas agrícolas em outros países. Em 1966, foi instalado no México o Centro Internacional de Melhoramento do Milho e do Trigo; em 1968, o Instituto Internacional de Agricultura Tropical, na Nigéria, e no ano seguinte, 1969, na Colômbia; em 1972, foi fundado, no Peru, o Centro Internacional de Pesquisa de Batatas e muitos outros em outros países.

As culturas com variedades de sementes de alto rendimento exigem, entretanto, a utilização de grande aparato tecnológico, representado por fertilizantes, máquinas, tratores, defensivos químicos etc., senão as sementes perdem seu valor quanto à elevação da produção e produtividade agrícola. De que maneira, então, os países subdesenvolvidos adquiriram toda a tecnologia necessária? Inicialmente, pela importação, e depois pela instalação em seu território de indústrias subsidiárias de transnacionais do ramo agropecuário (no Brasil, mais de uma dezena de empresas ligadas ao complexo agroindustrial são transnacionais).

Os países ricos, principalmente os EUA, colocaram à disposição dos países subdesenvolvidos suas conquistas científicas no campo da agricultura e da pecuária. Fertilizantes, máquinas, tratores, defensivos químicos, rações, sementes etc. passaram, então, a engrossar a lista dos produtos importados pelos países subdesenvolvidos, na busca da redenção de sua agricultura, de produção e de produtividade baixas. Tanto que as vendas desses produtos expandiram-se consideravelmente após a década de 1960, aumentando o faturamento e os lucros das transnacionais.

A tecnologia agropecuária utilizada nos países ricos foi, assim, transferida para os países subdesenvolvidos, sem ponderação, no entanto, quanto às condições socioeconômicas dos agricultores. O poder de persuasão da publicidade, com promessas de aumentos milagrosos de produção e de produtividade, induzia os agricultores do mundo subdesenvolvido a utilizar essa tecnologia, muitas vezes desnecessariamente, aumentando seu endividamento e os custos de produção. Não se trata, aqui, de desmerecer os avanços científicos e tecnológicos na agricultura, propiciados pela revolução verde, mas sim de questionar se seus benefícios foram equitativamente distribuídos entre os agricultores, e de constatar que ela não contribuiu para erradicar a fome e a miséria. Ao contrário, aumentou o fosso entre os agricultores ricos e os pobres.

Os ricos, que possuíam condições financeiras e acesso ao crédito rural, adquiriram todo o pacote de inovações tecnológicas. Os agricultores pobres, impedidos de adquirir as novas tecnologias por causa de seus limitados recursos financeiros, continuaram à margem do processo de modernização tecnológica e sem competitividade em relação aos grandes agricultores ou fazendeiros. A lei de mercado somente é benéfica numa economia verdadeiramente concorrencial, ou seja, em que todos os agentes econômicos tenham acesso às inovações, crédito etc. Agentes ou atores econômicos muito desiguais produzem, por sua vez, relações marcadamente desiguais. Ao aumentar a disparidade entre o grande e rico proprietário e o pequeno ou pobre, a revolução verde contribuiu também para estimular a concentração da terra e da renda, aumentando, por conseguinte, o poder dos grandes e ricos. Pequenas e médias propriedades foram, em larga escala, absorvidas pelas maiores (essas mudanças são fruto da constituição de um novo ciclo na forma de reconcentração de capital, na era global).

Após cinco décadas do início da revolução verde e da modernização das técnicas agrícolas, a fome ainda não foi banida do mundo. Mesmo nas regiões mais ricas dos países pobres, a fome aumentou.

Organismos geneticamente modificados (OGMs) ou transgênicos

Após a revolução verde ter fracassado em suas promessas de erradicar a fome no mundo, os avanços da engenharia genética e da biotecnologia, a partir dos anos de 1970, colocaram à disposição dos agricultores os chamados OGMs (Organismos Geneticamente Modificados), mais conhecidos como *transgênicos*.

A exemplo da revolução verde, as empresas detentoras das tecnologias dos OGMs, dominadas por seis grandes companhias (Monsanto, Du Pont, Syngenta, Bayer, Basf e Dow AgroSciences), também prometem erradicar a fome no mundo. Insistem, portanto, no mesmo erro anterior, ao desconsiderarem que a fome não decorre da escassez de alimentos ou ao ignorarem que sua existência é fruto de estruturas políticas e econômicas injustas, sobretudo as relacionadas à propriedade da terra, ao comércio internacional desigual, à concentração da renda e do poder etc. Quando não se referem ao combate à fome, exaltam as vantagens do uso dos cultivares geneticamente modificados: maior produtividade, resistência a pragas, variedades com genes resistentes à seca e salinidade do solo, menor exigência de agroquímicos, variedades com elevado teor de vitamina A, com o objetivo de superar doenças causadas pela deficiência dessa substância etc.

Sem entrar no mérito das vantagens e desvantagens dos OGMs quanto aos aspectos levantados anteriormente, e quanto a seus impactos ou não no meio ambiente e na saúde humana, o que chama a atenção e é digno de preocupação é o fato de algumas poucas empresas de biotecnologia possuírem o domínio de sua produção e, consequentemente, o de sua comercialização em escala planetária.

Nos Estados Unidos, grande parte do mercado de sementes dos OGMs é controlado pela Monsanto. Entretanto, para que essa empresa assegure o retorno de seus investimentos em pesquisa científica e amplie seus lucros – como também os das demais empresas do setor – é necessário que outros países incluam os OGMs em sua prática agrícola, ou seja, que eles sejam utilizados pela agricultura em todo o mundo. Mas tem havido acentuada resistência a sua adoção. Por exemplo, alguns países da União Europeia, já escaldados com o "mal da vaca louca", rejeitam os OGMs, apesar de em 2010 terem permitido a importação de milho transgênico para suprir seus mercados.

A polêmica em torno da utilização de OGMs envolve órgãos governamentais, pesquisadores de universidades, entidades ambientalistas e de defesa do consumidor, parlamentares, agricultores e a opinião pública e, como não poderia deixar de ser, a própria Monsanto, bastante presente no Brasil. Entre esses, destacam-se os mais prudentes, que defendem a necessidade de haver mais estudos quanto aos impactos sobre a saúde humana, sobre o meio ambiente e principalmente quanto às consequências sobre as sementes tradicionais, que constituem, inegavelmente, um grande patrimônio genético, cultural e econômico, obtido ao longo de muitos anos pelos agricultores de todo o mundo. A disseminação do plantio das sementes geneticamente modificadas coloca em risco as sementes tradicionais, ou seja, pode levar à destruição da sua diversidade (erosão genética), do conhecimento agrícola acumulado milenarmente pelas populações, bem como de sistemas agrícolas sustentáveis, além de criar uma situação de extrema dependência dos agricultores em relação às indústrias de biotecnologia produtoras dos OGMs. Em vez de utilizar as sementes tradicionais, que são geradas de uma safra para o próximo período do plantio, todos os anos o agricultor terá de comprar sementes das indústrias de biotecnologia.

Em 2006, a empresa norte-americana Delta & Pine Land, adquirida no mesmo ano pela Monsanto, anunciou a obtenção de sementes que somente germinam por uma geração, ou seja, da segunda geração em diante são estéreis. São obtidas por meio de uma tecnologia chamada Sistema de Proteção de Tecnologia, que ficou conhecida pelo nome de Tecnologia Terminator.

A semente de soja da Monsanto, a Roundup Ready, muito utilizada, é resistente ao herbicida Roundup, fabricado pela própria Monsanto. Ao mesmo tempo que essa transnacional vende as sementes para o agricultor, vende também o herbicida. É um bom negócio para a Monsanto, pois amplia consideravelmente seu faturamento.

Causa preocupação o patenteamento dos OGMs pelas empresas de biotecnologia, uma vez que isso lhes garante o monopólio das sementes, amparado no polêmico "direito de propriedade intelectual". Polêmico porque existe o argumento de que formas de vida não podem ser patenteadas. Devem ser compartilhadas por todos, considerando-se, ainda mais, que possuem um valor social, como é o caso da agricultura. Entretanto, o acordo sobre Direitos de Propriedade Intelectual Relativos ao Comércio (Trips: Trade Related Aspects of Intellectual Property Rights), firmado na Rodada do Uruguai (reuniões dos países-membros do GATT – General Agreement on Tariffs and Trade, em português Acordo Geral sobre Tarifas e Comércio –, realizadas no Uruguai entre 1986-1994; após essas reuniões, o GATT transformou-se na OMC – Organização Mundial do Comércio), em vigor desde janeiro de 1995, determinou que os países-membros da OMC adotem posturas rigorosas de proteção às patentes. Para o "fechamento da questão" em torno dos Trips, na Rodada do Uruguai gigantes empresariais se mobilizaram em grupo para exercer pressão a fim de obter a sua aprovação (Squibb, Du Pont, General Motors, Monsanto, Pfizer etc.).

Os Trips chocam-se com a CDB (Convenção sobre Diversidade Biológica) da ONU, firmada em 1993. Enquanto os Trips privatizam recursos biológicos, a CDB reconhece que os benefícios resultantes do uso de recursos genéticos (vegetais e animais) devem ser compartilhados com as comunidades locais, que, aliás, são as que deram a "pista" de suas potencialidades, por meio de seu conhecimento secular ou milenar. É por isso que o escritor e jornalista John Madeley assinala:

> (...) O acordo de Trips é muito polêmico porque admite o patenteamento de plantas que tenham sido desenvolvidas mediante biotecnologia a partir de variedades vegetais que, por sua vez, resultam de anos de cruzamentos realizados por agricultores. Isto implica que os Trips não reconhecem o direito das comunidades sobre seus recursos. (...)[25].

[25] Madeley, John. *O comércio da fome*. Petrópolis, Vozes, 2003. p. 139.

Ativistas do Greenpeace fazem manifestação em Brasília (DF) para convencer os membros da Comissão Técnica Nacional de Biossegurança CTNBio a votarem contra a liberação do milho transgênico (2007).

Os OGMs são ou não a grande alternativa e esperança para superar a fome e garantir a segurança alimentar dos povos? Acreditamos que não.

Como já apontamos várias vezes, a fome ou desnutrição decorre não da falta de alimentos, mas sim da baixa renda ou acentuada desigualdade na distribuição da riqueza entre as classes sociais. Abundância para alguns, privações para outros.

Mesmo que haja crescimento da disponibilidade de alimentos decorrente da ampliação do plantio dos transgênicos ou dos OGMs, nada mudará enquanto não houver alterações na distribuição da terra, da renda ou da riqueza. A fome continuará penalizando milhões de pessoas em todo o mundo, mantendo-se ainda como uma vergonha ou um escândalo para toda a humanidade. Tivemos grandes avanços científicos e tecnológicos em todas as áreas do conhecimento humano, incluindo a agropecuária. Isso é um fato inquestionável. Entretanto, esses avanços não foram acompanhados, na mesma velocidade, por transformações sociais que tivessem por objetivo a superação de obstáculos que impedem a implantação de ampla justiça social. Portanto, o combate à fome não depende da substituição das sementes tradicionais pelas transgênicas. O problema não se encontra aí, ou seja, não é uma questão biotecnológica. É uma questão fundamentalmente política, social e econômica.

6. Relação entre transnacionais de alimentos e fome

GLOBALIZAÇÃO É NA REALIDADE UM EUFEMISMO EMPREGADO NO LUGAR DE TRANSNACIONALIZAÇÃO, OU SEJA, A EXPANSÃO SEM LIMITES DAS CORPORAÇÕES TRANSNACIONAIS NA ECONOMIA MUNDIAL, EM PARTICULAR NAS POPULOSAS E PRÓDIGAS NAÇÕES DO SUL[26].

O poder das transnacionais de alimentos

Em pleno auge da Segunda Revolução Industrial, por volta de 1870-1890, já tinha surgido a tendência à concentração e centralização de capitais, à fusão entre empresas que, por sua vez, deram origem à indústria moderna e ao capitalismo monopolista, em substituição ao breve ensaio e período do capitalismo concorrencial.

Entretanto, foi a partir do término da Segunda Guerra Mundial que grandes empresas perceberam que seus mercados nacionais não eram mais suficientes para atender a seus planos de expansão e de aumento de lucros. Por meio, então, de uma nova divisão internacional da produção, grandes empresas dirigiram seus investimentos para vários países subdesenvolvidos, ali implantando filiais e/ou subsidiárias.

[26] *Enciclopédia do mundo contemporâneo*. São Paulo, Publifolha; Rio de Janeiro, Terceiro Milênio, 1999. p. 63.

Em 1974, os economistas Richard J. Barnet e Ronald Müller publicaram um livro com o título *Poder global*[27]. Lá analisaram o poder das corporações transnacionais e seu impacto sobre as economias nacionais, os hábitos e costumes, o trabalho, a estrutura fundiária, a administração empresarial, a base ideológica em que se fundamentam os altos executivos na sua missão de dirigir as corporações transnacionais (chamadas por eles, em 1974, de empresas globais) etc. Na página 182 desse livro, observam:

> (...) As empresas globais, é preciso dizer, agravaram de três maneiras o problema da fome mundial. Em primeiro lugar, contribuíram para a concentração da renda e a eliminação de empregos. Em segundo, através do controle crescente da terra arável nos países pobres (...). Por último, o controle de ideologia pelas companhias através da publicidade contribuiu para mudar de forma infeliz os hábitos dietéticos dos pobres. (...).

Embora essa alusão às empresas globais date de 1974, elas fazem parte da própria evolução do capitalismo. Sem considerar as "companhias comerciais" do tempo do capitalismo comercial (por exemplo, Companhia das Índias Ocidentais), foi com o capitalismo industrial e financeiro, do fim do século XIX e início do século XX, que se deu o processo inicial de formação de grandes empresas capitalistas na Europa, nos Estados Unidos e no Japão.

Nas décadas que se sucederam ao fim da Segunda Guerra Mundial ocorreu intenso processo de transnacionalização das economias mundiais.

Chamadas de empresas estrangeiras até o fim da década de 1960, de multinacionais na década de 1970, a própria ONU sugeriu, na dé-

27 Barnet, Richard J.; Müller, Ronald. *Poder global*. Rio de Janeiro, Record, 1974.

cada de 1980, a expressão *transnacional*, uma vez que as denominações anteriores passavam a ideia incorreta de que as empresas seriam constituídas por capitais de vários países ou seriam multinacionais. Transnacional, portanto, é a empresa cuja atuação ultrapassa as fronteiras de seu país de origem.

As transnacionais não só dominam a produção de um grande número de bens e serviços, como também o comércio internacional. São responsáveis pelo forte *lobby* junto a organismos internacionais que desde a década de 1980 vem derrubando as barreiras comerciais nacionais, com o objetivo de ampliar cada vez mais seus negócios em escala global.

Não se limitam mais à produção, distribuição e comercialização de bens e serviços. São grandes investidoras nas bolsas de valores de todo o mundo e na especulação das moedas nacionais.

> (...) A maior instituição financeira privada dos Estados Unidos é atualmente a General Electric. O setor de maior lucro dentro da General Electric não é o setor de defesa, nem o de lâmpadas, nem o de centrais elétricas. É o departamento financeiro, graças às suas múltiplas transações financeiras (...)[28].

No setor de alimentos, a presença das transnacionais é gigantesca, não só quanto à industrialização, mas também na comercialização e distribuição global.

> (...) Seis conglomerados transnacionais dominam 85% do comércio mundial de grãos; oito dominam 55% das vendas de café; sete possuem o controle de 90% do chá consumido nos países ocidentais; três respondem por 80% das vendas de bananas e apenas três são responsáveis por 83% do comércio de cacau (...)[29].

---

[28] *Enciclopédia do mundo contemporâneo*, cit., p. 69.
[29] Madeley, John, cit., p. 131.

No ramo da produção de sementes e do setor de agroquímicos, estimativas mostram que as dez maiores empresas desses setores polarizam nada menos que 85% do mercado mundial. Chama também a atenção que não só as empresas que controlam o início do processo produtivo dos alimentos, mas também a produção propriamente dita destes, conheceram, nos últimos anos, uma concentração enorme. Resultado de fusões, essa concentração atingiu até mesmo aquelas que não tinham como atividade principal a produção de alimentos. Com a globalização crescente, incluindo hábitos, costumes e valores sociais, aproveitando (ou otimizando, no dizer dos administradores de empresas) suas bases operacionais já existentes nos países da periferia, e vendo que o setor alimentício constitui um negócio rentável ou lucrativo, empresas de outros setores agregaram às suas atividades o setor de alimentos.

O faturamento anual em 2011 de algumas empresas alimentícias do mundo ultrapassou a cifra de 130 bilhões de dólares, valor superior ao PIB de muitos países.

A concentração de poder financeiro e comercial das grandes corporações transnacionais de alimentos lhes confere um "agropoder" desmedido. São elas que acabam por dirigir as necessidades da produção mundial de alimentos. Utilizando-se da dependência histórica que os países da periferia apresentam, de exportar produtos agrícolas primários com o fim de pagar suas dívidas ou obter receitas para as importações, as transnacionais estimulam os agricultores a plantar culturas de exportação em detrimento de culturas que se destinem a abastecer de alimentos as populações locais. Assim procedendo, estão contribuindo para a ocorrência da fome ou para a insegurança alimentar.

Muitas transnacionais, como é o caso da Cargill, empresa sediada nos Estados Unidos que emprega 142 mil funcionários em 65 países, possuem o controle estrutural do sistema alimentar. Estão presentes em todos os estágios da cadeia de alimentação.

No caso da Cargill, sua atuação não se prende apenas ao fornecimento de sementes oleaginosas, em que é a maior do mundo. Destaca-se, ainda, na produção de fertilizantes à base de fosfato, no comércio de cereais, açúcar, malte, café, cacau e frango e no processamento e distribuição de produtos agrícolas e alimentícios (óleo de soja Liza, azeite Gallo, Ovomaltine, além de outros). Como outras grandes empresas de alimentos, possui grande poder e diversidade de atuação, interfere no padrão de utilização da terra, subvertendo prioridades locais e regionais que antes estavam dirigidas para o abastecimento alimentar. Estimula, assim, a industrialização da agricultura, visando, principalmente, a produção de alimentos para suprir as populações de maior renda e não aquelas que mais precisam.

Sem poder para competir, muitas empresas nacionais de alimentos sucumbem diante das transnacionais, fecham suas portas ou são por elas adquiridas. O Brasil, por exemplo, tem apresentado, nos últimos anos, alto grau de desnacionalização do setor alimentar humano (leite, conservas, biscoitos, achocolatados etc.), bem como do de alimentação animal. Em fevereiro de 2000, por exemplo, a Bestfoods, transnacional de alimentos com sede nos Estados Unidos, com operações em mais de 60 países e produtos comercializados em 110 países, adquiriu a Arisco e, em setembro de 2000, foi adquirida pela gigante anglo-holandesa Unilever (seus produtos mais conhecidos são as maioneses e molhos Hellmann's, as sopas e caldos Knorr, os sorvetes Kibon, os sucos Ades, a margarina Becel e produtos de outros segmentos, como sabão em pó Omo e os produtos de higiene e beleza Rexona e Lux). A Nestlé, no Brasil, além de dominar o mercado de leite em pó, leite condensado, creme de leite e chocolates, entrou nos negócios de biscoitos e de ração animal. Adquiriu empresas nacionais do setor de ração animal, além da Ralston Purina, gigante no setor. Outro exemplo do agigantamento das transnacionais é o caso da Philip Morris. Empresa tradicionalmente pertencente ao setor de tabaco (cigarros), a partir de 1985 iniciou sua escalada em direção a outros segmentos de negócios. Nesse mesmo ano, adquiriu uma grande empresa de alimentos nos Estados Unidos, a General Foods. Em 1990, adquiriu a Jacobs Suchard AG, uma das maiores fabricantes de café, produtos de confeitaria e queijos. Em 2000, incorporou a Nabisco, empresa líder em biscoitos, doces e petiscos, transformando a Kraft Foods em uma das principais empresas de produtos alimentícios do mundo. Somando-se todos os seus funcionários espalhados pelo mundo, chega-se à impressionante cifra de 200 mil.

A prática de fusões e compras de empresas no mundo globalizado ampliou consideravelmente o poder das transnacionais, permitindo que a concentração desmedida do capital exerça o controle da produção, desde a semente até a industrialização do produto *in natura*, sua distribuição e comercialização e, até mesmo, a política de preços adotada, nem sempre favorável ao consumidor. São elas que acabam por dirigir os resultados e as necessidades da produção mundial de alimentos.

No campo sociocultural, o poder das transnacionais chega a tal ponto que algumas de suas decisões produzem mais impacto sobre as sociedades e pessoas que certas decisões governamentais. Exercem poderosa influência sobre todas as esferas da vida em sociedade, incluindo o modo de pensar e interpretar a vida e até mesmo em relação ao seu próprio sentido. É comum ouvir dos seus executivos que as empresas globais são agentes de mudança social, econômica, cultural e até mesmo agentes de mudança política.

Ao espalharem por todo o mundo a ideologia do consumo, identificando-o com prestígio social, poder e riqueza, transformaram a Terra num verdadeiro supermercado global — evidentemente, não acessível a todos.

A alteração dos hábitos alimentares originais e a força persuasiva da publicidade

Nos últimos sessenta anos ocorreu alteração contínua nos padrões culturais de alimentação. De modo geral, valores nacionais têm sido substituídos, paulatinamente, por valores externos, estranhos às comunidades e sociedades. Têm-se hoje, à disposição no mercado de alimentos, produtos que dificilmente eram obtidos antes dessa mundialização ou globalização da produção e de liberalização do comércio. Atualmente, há uma padronização de produtos em escala planetária, determinada pelas transnacionais.

Nos territórios dos países periféricos, foram criados historicamente, antes da invasão das transnacionais, padrões de alimentação que levavam em conta aquilo que se podia encontrar ou produzir de forma recorrente na região. No Brasil, por exemplo, cada região absorveu costumes segundo as possibilidades dadas pelos recursos locais. Na região da Amazônia brasileira, a evolução dos padrões alimentares incorporou o hábito do consumo tanto da farinha de mandioca quanto do peixe, alimentos tradicionais dos indígenas. No Nordeste, a rapadura (doce feito com melaço da cana-de-açúcar) é também um hábito alimentar adquirido, pois desde os tempos do Brasil Colônia, pelo menos, a lavoura canavieira é praticada nessa região.

Nessas áreas, apesar da ocorrência de populações com carência alimentar – dada a pobreza em que vive parte de suas populações – existia um equilíbrio, ainda que tênue, entre as populações e os recursos disponíveis em seu entorno geográfico. Esse equilíbrio garantia um mínimo de calorias e de nutrientes para as populações mais carentes.

Com o intenso processo de urbanização, iniciado nas décadas de 1950 e 1960, não só no Brasil, mas nos países subdesenvolvidos de modo geral, decorrente, entre outros fatores, do êxodo rural provocado pela concentração fundiária no campo, o equilíbrio a que nos referimos foi sensivelmente alterado. Os hábitos alimentares tradicionais foram sendo substituídos por outros, pelo menos por duas razões: a própria urbanização ou migração campo-cidade e a penetração de indústrias alimentares.

Pelo fato de as populações fixarem residência nas cidades, não lhes foi mais possível cultivar e produzir alimentos. Se nas suas roças ou mesmo no sistema de colonato essas populações obtinham arroz, feijão, milho, verduras e ainda criavam galinhas, cabras, porcos etc. e daí conseguiam fontes de calorias e nutrientes, na vida urbana isso se tornou impossível. Morando nas cidades e sofrendo ainda os apelos das campanhas de publicidade no rádio, na televisão, *outdoors*, jornais, revistas etc. das indústrias de alimentos, essas populações foram incorporadas, sob o comando das indústrias, aos novos hábitos alimentares. Cumpre lembrar que muitos padrões e hábitos alimentares adotados nos países da periferia foram transplantados dos países desenvolvidos. Se lá se destinam a atender, de modo geral, todas as suas populações, nos países subdesenvolvidos dirigem-se não a todos e sim a quem tem renda para adquiri-los.

Os caldos de carne, as sopas preparadas, as margarinas, as massas de bolos prontas, os sucos em pó, enfim, todo um conjunto de "empacotados", "engarrafados" e "embalados", com seus conservantes químicos e amplamente divulgados pelas indústrias locais e pelas transnacionais, passaram a constituir o "cardápio" urbano. Apelando para um modo de vida moderno, a publicidade procura mostrar que os produtos industrializados são superiores e mais práticos que os tradicionais.

Nesse contexto, as transnacionais seguem exercendo um verdadeiro colonialismo alimentar; os padrões de alimentação dos países desenvolvidos, principalmente dos Estados Unidos, invadiram o mundo. Impuseram-se como o modelo a ser seguido por todos, desestruturando hábitos alimentares nacionais, regionais e locais. Por sua vez, as culturas nacionais são enfraquecidas, e não raro ameaçadas de extinção, obedecendo ao fluxo mundial do centro para a periferia, que mostra o que deve ser cultivado, subvertendo as formas originais de produção agrícola. Muitas terras que antes eram utilizadas pela agricultura de produtos alimentares foram ocupadas por plantios dirigidos às indústrias de alimentos. Concomitantemente, deu-se a ampliação das áreas de pastagens e o confinamento de gado, visando abastecer de carne os *fast-foods* globalizados. Cresceram as áreas de cultivo de soja e milho, não para alimentar a população, mas para suprir de alimentos (ração animal) esse gado. A indústria química sintetizou aromas que antes eram naturais, arrasando, em consequência, camponeses ou comunidades inteiras que neles encontravam seu meio de vida (em Madagascar, por exemplo, o impacto da baunilha sintética acabou com os camponeses que cultivavam a baunilheira).

As indústrias de alimentos procuram, em verdade, estabelecer um modelo alimentar mundial uniforme, de tal forma que isso possa facilitar a produção e distribuição em escala global de seus produtos. A homogeneização ou padronização alimentar é importante para elas, pois, ao possibilitar a prática da economia de escala, representa menores custos e mais lucros. Os hambúrgueres, os refrigerantes, a maionese, o desjejum com flocos de milho e iogurtes se impuseram em todos os continentes. Mas isso não seria possível sem a participação da publicidade e sua força de persuasão junto aos consumidores. Daí se explicam os grandes investimentos ou gastos realizados pela indústria alimentar em campanhas de publicidade. Não podemos esquecer, contudo, que esses gastos são financiados por todos nós, pois, uma vez que estão embutidos nos preços dos produtos, tornam-se impostos indiretos. É um bom negócio para a indústria de alimentos, pois estamos pagando um preço para nos convencermos de seu uso.

Imagine a seguinte situação: pessoas ou famílias de baixa renda mensal, que não possuem a mínima condição de comprar os produtos básicos para sua alimentação, diante de um painel de publicidade colorido, anunciando um certo produto alimentar industrializado, "vestido" de embalagem também colorida e atrativa. Diante da impossibilidade de adquiri-lo, qual é a reação? É difícil prever, mas algumas hipóteses podem ser levantadas: poderão pensar que a pobreza é natural, que é uma vontade divina, e assim acreditarem que o reino do céu está reservado aos pobres (uma estranha compensação pela vida terrestre de privações); sentirem-se incapazes de ganhar a vida, e assim desenvolverem um sentimento de culpa pela pobreza em que vivem ou pela sua "incapacidade"; acharem que o pobre não sabe alimentar-se: afinal, por que não adquirir aquele produto atrativo em vez de produtos *in natura*; pensarem que não foram eleitos por Deus ou pela sociedade e assim, de forma resignada, engrossarem a massa dos despossuídos; ou ainda, revoltarem-se com a sua condição social, com o seu país ou terra natal, que, escandalosamente, permite que muitos passem fome ou não tenham, pelo menos, a segurança alimentar. Provavelmente, sentirão na pele o que Oliviero Toscani, o famoso publicitário das campanhas da Benetton, afirma:

> (...) A publicidade não vende felicidade, ela gera depressão e angústia. Cólera e frustração (...)[30].

[30] Toscani, Oliviero. *A publicidade é um cadáver que nos sorri*. Rio de Janeiro, Ediouro, 1996. p. 33.

O poder da publicidade ou o seu poder de persuasão ou convencimento acaba por seduzir o ser humano a comprar prioritariamente aquilo que os meios de comunicação divulgam. Criam-se, na verdade, "necessidades não necessárias". Assim, parte da renda que deveria ser canalizada para a compra de produtos alimentares fundamentais é, muitas vezes, desviada para a compra de outros artigos, muitas vezes supérfluos. Aproveitando-se das "facilidades" de crédito, a população de baixa renda e a própria classe média tornam-se grandes colecionadores de carnês de compra ou de boletos bancários para pagamento a prazo. Estudos do Dieese (Departamento Intersindical de Estatística e Estudos Socioeconômicos) têm demonstrado que, na cidade de São Paulo, a participação do item alimentação no orçamento doméstico tem declinado e que as despesas com a aquisição de bens industriais domésticos (televisores, aparelhos de vídeo, batedeiras de bolo, aparelhos de som etc.), além de aparelhos de telefonia móvel, *tablets* etc. têm aumentado. A consequência disso não surpreende: ocorre o agravamento da desnutrição ou fome. O comprometimento da alimentação nessas circunstâncias é grave, pois essa tendência está sendo vivenciada não apenas pelos consumidores de hoje e sim pelas crianças que são educadas nesse ambiente. Amanhã serão elas os consumidores, formando-se, assim, uma sociedade condicionada a essa situação.

No México, por exemplo, médicos que trabalham em aldeias rurais têm declarado ser bastante comum observarem famílias vendendo os poucos ovos e frangos que possuem para comprar refrigerantes, sorvetes etc., agravando, assim, a deficiência de proteínas na alimentação.

O leite em pó é um dos mais expressivos exemplos da força da publicidade e da ação das transnacionais de alimentos na alteração dos hábitos alimentares. A mensagem publicitária apresentou-o, durante muitos anos, como substituto ideal do leite materno ou como complemento, em caso de insuficiência deste. Entretanto, essa mensagem sugeria subliminarmente que o leite materno é insuficiente, quanto à quantidade e qualidade de nutrientes, induzindo as mães a utilizar o leite em pó e profissionais de saúde a indicá-lo. Em vista disso, muitas mães deixavam de amamentar seus filhos com o próprio leite, fato sabidamente desaconselhável, do ponto de vista médico. Nas Antilhas, as transnacionais contratavam enfermeiras das maternidades para fornecerem o nome e o endereço de mulheres que davam à luz. Em seguida, funcionários dessas empresas iam até a casa das mães e ofereciam gratuitamente produtos para os seus bebês. Era um modo de as transnacionais fazerem propaganda; entretanto, esse procedimento visava, principalmente, induzir à compra e ao uso frequente de seus produtos.

Chamamos atenção para o fato de que não se tem aqui a intenção de desconsiderar a importância do leite em pó ou dos produtos lácteos, que são, sem dúvida alguma, alternativa eficiente, mas nos casos restritos de sua indicação. O que se questiona é a forma como ele era apresentado por meio da publicidade. É por isso que a Organização Mundial da Saúde aprovou um código internacional proibindo a propaganda de alimentos para lactantes que substituam o leite materno e a distribuição de amostras grátis desses produtos.

Da mesma forma, persuadidas pelas campanhas publicitárias de corporações transnacionais e mesmo de empresas locais, muitas mães — não só de renda familiar alta e média, mas também as de baixa renda — têm substituído o leite materno e as tradicionais sopinhas domésticas feitas com produtos *in natura* por produtos infantis industrializados, que anunciam ter maior valor nutritivo. Não resta dúvida de que existe grande praticidade nessa conduta, considerando-se a tão falada vida moderna. Mas induzir a substituição de uns por outros significa, além da necessidade de avaliar o valor nutricional de ambos, romper com formas culturais tradicionais de alimentação e impor formas de homogeneizar ou padronizar globalmente os hábitos alimentares, com a perspectiva de ensejar facilidades na produção, distribuição, comercialização e exportação, além da obtenção de maiores vendas e lucros.

Alargamento do processo de produção de alimentos e alteração da produção agrícola

No processo de alargamento da produção de alimentos, ou seja, desde que são plantados e colhidos no campo até sua transformação nas indústrias, é agregada uma série de custos: sementes, adubos, praguicidas, colheita, transporte, industrialização, energia utilizada, embalagens, impostos, publicidade, distribuição etc. Resultado: o acesso à compra desses produtos fica restrito à população de maior renda, a quem puder comprá-los. As famílias de baixa renda, além de não poderem adquiri-los, veem sua situação alimentar piorar, pois a queda da oferta do produto *in natura* faz com que o preço se eleve.

Concentradas em apenas alguns países, como já vimos anteriormente, as grandes transnacionais do setor alimentar não apenas ampliam a acumulação de capitais nas regiões onde se encontram suas sedes, mas também exercem poderosa influência nos países onde atuam, influindo na estruturação de uma atividade agrícola extrovertida, ou seja, voltada para o exterior.

O modelo extrovertido, além de alterar o sentido da produção agrícola, altera também o regime da propriedade e os hábitos alimentares. As pequenas unidades produtivas baseadas na mão de obra camponesa (familiar) são compradas por grandes fazendeiros ou pelas próprias transnacionais, acentuando, assim, a grande concentração da propriedade agrária. Ao diminuir as culturas agrícolas voltadas para o consumo interno e ampliar as destinadas ao abastecimento das indústrias de alimentos, privilegiando, portanto, os produtos alimentares industrializados, o modelo extrovertido agrava a situação alimentar da população pobre que não possui dinheiro suficiente para comprá-los. Esse tem sido o modelo: integrar a agricultura à indústria e desta ficar dependente. Assim, os produtos alimentares industrializados destinam-se às classes sociais que possuem renda para adquiri-los e que pagam por eles todos os valores agregados na sua fabricação (embalagens caras, custos de publicidade etc.).

A soja, largamente cultivada no Brasil, com alto grau de tecnologia incorporada, é um exemplo dessa inversão de prioridades. No início dos anos 1970, houve grandes estímulos das transnacionais para que os agricultores brasileiros plantassem soja. A partir dessa década, ocorreu grande expansão de sua cultura nas regiões Sul, Sudeste e Centro-Oeste. Em 1980, essa cultura já ocupava, para se ter uma ideia, 47% do total da área de lavouras no Rio Grande do Sul. Declinou um pouco nos anos seguintes, mas continuou representando alta taxa de ocupação do solo.

Entre 1970 e 1980, a área de soja cultivada no Brasil expandiu-se em cerca de 390%, como vimos anteriormente. Nesse processo de expansão, a soja asfixiou, em muitas áreas, as lavouras destinadas à alimentação (arroz, feijão, milho etc.). No planalto gaúcho, por exemplo, essa expansão aprofundou as disputas pela posse de terra, aumentou o grau de concentração da propriedade fundiária e influiu consideravelmente na qualidade de alimentação da população de baixa renda. O gaúcho, tido até então como o brasileiro de melhor padrão alimentar, viu suas condições alimentares declinar.

A expansão do cultivo da soja, na verdade, está ligada aos interesses das transnacionais, pois, como já assinalamos, são elas que determinam o que deve ser plantado. Primeiro, porque seu cultivo exige grandes investimentos em insumos e máquinas, ambos produzidos com grande participação das transnacionais. Em segundo lugar, porque a soja é a matéria-prima por excelência para a fabricação de ração animal, setor largamente controlado pelas transnacionais e que envolve vendas milionárias em escala global. De início, lançaram, junto aos criadores de gado bovino, ovino, suíno e avicultores, campanhas de persuasão sobre o valor elevado desse grão, com o objetivo de obter aumento de seu consumo e formação de um verdadeiro "complexo americano de soja", que, por sua vez, produziu um novo modelo de produção de carne em todo o mundo, ou seja, substituiu largamente a torta de algodão e de amendoim na alimentação do gado. Prometiam aos criadores verdadeiros milagres no desenvolvimento animal, sem, contudo, se referir aos custos. Juntamente a isso, desencadearam campanhas publicitárias de exaltação das qualidades do óleo de soja na alimentação humana.

© PAULO FRIDMAN/PULSAR IMAGENS

Colheitadeiras de soja em fazenda no município de Tangará da Serra, no estado de Mato Grosso (2012).

Sem dúvida, a soja possui alto valor proteico. Entretanto, ela não se destina, como o feijão, a abastecer as feiras livres, a fim de atender a população em suas necessidades alimentares. Não pertence aos hábitos alimentares do brasileiro, mas, caso fosse incorporada a eles, seria indiscutivelmente salutar. Com exceção do óleo de soja – usado no preparo de alimentos –, do "leite de soja" – fabricado pelas "vacas mecânicas" de muitas prefeituras do Brasil e distribuídos para as creches, não só municipais, mas também aquelas mantidas por associações filantrópicas ou de assistência social –, da margarina e de gorduras emulsionadas – utilizadas na fabricação de sorvetes industriais, de farinhas, de ingredientes na panificação etc. –, o uso do grão na alimentação humana é limitado. É na alimentação animal que se encontra seu grande emprego, o grande filão de venda e lucro. Quando não é exportada em grãos, boa parte da soja produzida no Brasil vai para a indústria, onde é transformada, entre outros produtos, em ração animal.

Até alguns anos atrás, o aspargo consumido no mercado dos Estados Unidos vinha da Califórnia. Entretanto, como a mão de obra e a terra eram baratas no México, algumas transnacionais lá se instalaram. Não tardaram a ter o controle da quase totalidade da produção de aspargos no México, destinando-a fundamentalmente para os Estados Unidos. Estabeleceram-se nesse país, atraídas não só pelo baixo preço da terra e da mão de obra, mas também pela proximidade do mercado estadunidense, que lhes permite trabalhar e negociar produtos perecíveis, como hortaliças, legumes, morangos, cebolas, batatas etc., mas sempre usando variedades que satisfaçam o paladar estrangeiro e não o mexicano, uma vez que, como foi ressaltado, se destinam à exportação. É importante esclarecer que a ocupação do solo mexicano por essas culturas e outras destinadas à exportação tem sido realizada à custa da redução da área cultivada com produtos alimentares destinados à alimentação de seu povo (principalmente o milho e o feijão, que são seus alimentos básicos). A diminuição da oferta desses produtos *in natura* no mercado, provocando a elevação de seus preços, compromete, por sua vez, e drasticamente, o nível alimentar, principalmente o da população de baixa renda.

Rodolfo Stavanhagen, agrônomo e sociólogo que possui vários estudos sobre a agricultura e o subdesenvolvimento na América Latina, adverte que a carência alimentar deverá agravar-se ainda mais no México. Isso porque a agroindústria, que controla a produção de alimentos, utiliza, como critério na escolha do que deve ser plantado, o dólar e não as proteínas e calorias.

A agricultura tradicional é sistematicamente acusada de inoperante, de baixa produtividade, de ser responsável pela desnutrição ou fome, e de não possibilitar renda suficiente às famílias que a ela se dedicam. Apoiando-se nesses e em outros argumentos, há uma forte corrente que defende que ela deve ser substituída pela agricultura moderna, empresarial, patronal e com uso intensivo dos recursos de que a ciência dispõe (sementes, adubos, agrotóxicos, máquinas agrícolas etc.).

Sem negar os avanços científicos e tecnológicos e seus benefícios espetaculares para a agricultura, precisamos, no entanto, ter muito cuidado em criticar a agricultura tradicional, não só quanto a seus aspectos gerais, mas também quanto a questões relativas ao meio ambiente.

Sabemos que a modernização agrícola exige das terras cultivadas a especialização produtiva, ou seja, a produção de um número bastante reduzido de culturas, geralmente aquelas que possuem maior aceitação no mercado mundial. Na maioria dos casos, o avanço ou a expansão da prática da agricultura e da pecuária modernas em direção a novas áreas substitui práticas agrícolas tradicionais, devastando muitos hectares de cobertura vegetal nativa, de ricos ecossistemas e biodiversidade. Em consequência, os agroecossistemas modernos apresentam diversidade biológica muito inferior, se comparados com os ecossistemas naturais (campos naturais, florestas, cerrados etc.) e com os agroecossistemas tradicionais, isto é, aqueles em que a cultura ou a lavoura é constituída pela mistura ou combinação de diferentes espécies de plantas agrícolas.

Veja o caso dos índios camponeses de Chiapas, do estado de mesmo nome, no México. Há anos, lutam por sua sobrevivência, exigindo do poder estadual e central mais investimentos sociais na região, que foi esquecida por sucessivos governos. Opõem-se ao Acordo de Livre Comércio da América do Norte (Nafta = North American Free Trade Association), que entrou em vigor em 1994, entre Canadá, Estados Unidos e México. Sabem que este não lhes é favorável, pois suas terras correm o risco de ser incorporadas por empresas agropecuárias e entre elas as transnacionais do setor, que fatalmente alterarão o destino da produção agrícola e o regime da propriedade da terra.

Muito criticados, os camponeses de Chiapas são considerados atrasados tecnicamente. Seus críticos argumentam que eles produzem apenas cerca de duas toneladas de milho por hectare, enquanto a agricultura moderna mexicana, utilizando sementes selecionadas, adubos químicos, tratores, colheitadeiras etc., produzem, aproximadamente, o quádruplo, ou seja, em média oito toneladas por hectare ou mais.

Esses críticos, entretanto, restringem suas análises a aspectos parciais dessa comunidade camponesa. Esquecem ou ignoram que os camponeses de Chiapas produzem uma colheita mista: entre seus pés de milho, que também servem para suporte de variedades de feijão (que são trepadeiras) ali plantadas, eles cultivam legumes, abóboras, batata-doce, batata-inglesa, tomate e muitos outros vegetais, frutas e ervas medicinais. Assim, num mesmo hectare, eles produzem uma alimentação variada para a comunidade e também para suas criações de animais. Dessa forma, os indígenas camponeses de Chiapas facilmente chegam a produzir mais alimentos que as oito toneladas de milho da agricultura moderna, com uma diferença fundamental: a fertilidade de suas terras é mantida sem fertilizantes comerciais, não utilizam pesticidas, a produção é garantida sem a assistência creditícia de bancos, governos ou corporações transnacionais. Além disso, como os camponeses de Chiapas cultivam várias espécies de vegetais numa mesma área, propiciam, assim, maior diversidade biológica, com todas as suas vantagens, se comparada aos agroecossistemas modernos monocultores. Estes, preocupados apenas com a produtividade e o lucro, agridem o meio ambiente, compactam o solo, destroem a microfauna e a microflora, enfim, causam impactos ambientais, muitos deles irreversíveis.

© FRILET/SIPA/NEWSCOM/GLOW IMAGES

Aspecto de culturas agrícolas realizadas no município de San Juan de Chamula, no estado de Chiapas, México (2006).

Para a agricultura moderna, mais importantes que o solo ou o meio ambiente são as máquinas, fertilizantes agroquímicos, créditos bancários etc. Na verdade, a denominada agricultura moderna tornou-se refém de um imenso complexo industrial nacional e transnacional que lhe vende sementes, inseticidas, herbicidas, fungicidas, corretivos de solo, tratores, colheitadeiras, semeadeiras, grades niveladoras, roçadeiras, pulverizadores, arados etc. Como disse o ecologista José Lutzenberger, em 1980, em advertência que ainda se mantém atual:

> (...) O agricultor se transforma cada vez mais em apêndice da indústria de maquinarias e agroquímica (...)[31]

Portanto, não se trata simplesmente de apostar nas atividades rurais e ditas tecnologicamente sustentáveis. Na agricultura existe um variado campo constituído por mercados quantitativos e outros que priorizam a qualidade. Muitos países da Europa, diante do uso extensivo de defensivos agrícolas em escala mundial e do aparecimento dos transgênicos, atribuem valor comercial apenas aos produtos com "selo orgânico". E é isso que pode alterar a atual produção não só de grãos, mas também de legumes e verduras, favorecendo regiões como Chiapas e outras, e valorizando a sustentabilidade como legado para as futuras gerações.

[31] Lutzenberger, José A. *Fim do futuro? Manifesto ecológico brasileiro*. Porto Alegre, Movimento/Universidade Federal do Rio Grande do Sul, 1980. p. 72.

7. Despesas militares e outras contradições num mundo de miséria e fome

A CADA MINUTO, GASTAM-SE NO MUNDO MAIS DE 3,3 MILHÕES DE DÓLARES PARA FINS MILITARES. DURANTE ESSE MINUTO, CERCA DE 21 CRIANÇAS MORREM NOS PAÍSES POBRES, MUITAS DENTRE ELAS DE FOME E DAS CONSEQUÊNCIAS DA SUBNUTRIÇÃO[32].

DEVEMOS DEIXAR NOSSAS CRIANÇAS MORRER DE FOME, PARA QUE POSSAMOS PAGAR AS NOSSAS DÍVIDAS[33]?

Despesas militares em 2011: 248 dólares *per capita*

As despesas militares mundiais – mesmo após o fim do confronto Leste-Oeste (União Soviética e Estados Unidos) ou da corrida armamentista disputada por esses dois países durante cerca de quarenta anos – continuam em patamares elevados. Em 1975, foram de 450 bilhões de dólares; em 1984, atingiram 800 bilhões; em 1988, no auge do programa "Guerra nas Estrelas", do governo Ronald Reagan, atingiram quase 1 trilhão de dólares, o que, na época, equivalia a uma despesa anual mundial equivalente a 200 dólares *per capita*.

32 Citação de Olof Palmer, ex-primeiro-ministro da Suécia. *Correio da Unesco*, jun. 1984, ano 12, n. 6, p. 32, com atualização dos dados para 2011.
33 Julius Nyerere, ex-presidente da Tanzânia. *Correio da Unesco*, jun. 1984, ano 12, n. 6, p. 45.

Mesmo após o fim da Guerra Fria, os gastos militares continuaram elevados, principalmente após os atentados de 11 de setembro de 2001, quando os Estados Unidos aumentaram em cerca de 10% o orçamento militar de 2002.

No ano de 2011, os gastos militares mundiais foram de 1,738 trilhão de dólares, valor esse superior ao PIB de cerca de 170 países. Veja a tabela a seguir:

TABELA 6. MUNDO: OS DEZ MAIORES GASTOS MILITARES EM 2011

País	Orçamento (em bilhões de dólares)	Parcela do gasto mundial (em %)	Percentagem do PIB
EUA	711,0	40,1	4,7
China	143,0	8,4	2,0
Rússia	71,9	4,2	3,0
Reino Unido	62,7	3,6	2,6
França	62,5	3,6	2,3
Japão	59,3	3,5	1,0
Índia	48,9	2,9	2,6
Arábia Saudita	48,5	2,8	8,7
Alemanha	46,7	2,7	1,3
Brasil	35,4	2,0	1,5

Fonte: Stockholm International Peace Research Institute. Disponível em: <www.sipri.org>. Acesso em: 13 jan. 2014.

Dividindo-se o valor de 1,738 trilhão de dólares, que corresponde aos gastos militares mundiais em 2011, pela população mundial nesse ano, calculada em 7 bilhões, verifica-se que foi investido em despesas militares o equivalente a 248 dólares *per capita*, quantia mais que necessária para erradicar a fome no mundo e salvar milhões de crianças da desnutrição e da morte.

Comparando-se os gastos militares anuais com as necessidades financeiras da Cúpula Mundial sobre Alimentação (Roma), patrocinada pela FAO em 1996, para o combate da fome, a diferença é absurda.

Como já citamos no capítulo 1, em 1996 a Cúpula Mundial sobre Alimentação, subscrita por 185 países, comprometeu-se a aliviar a fome de mais de 815 milhões de pessoas em todo o mundo. Para tanto, estabeleceu um plano com a meta de que em 2015 esse número deveria ser reduzido em 400 milhões de pessoas, o que corresponderia à diminuição de 20 milhões de famintos por ano.

Cinco anos depois, em junho de 2002, os representantes dos países reunidos na Cúpula realizaram um balanço dos resultados do plano de ação comum traçado em 1996. Chegaram à seguinte conclusão:

- a meta de redução das pessoas em situação de fome, calculada em 20 milhões por ano, não foi cumprida;
- obteve-se apenas redução anual de aproximadamente 6 milhões de pessoas, resultado muito aquém do estabelecido;
- diante do fracasso nesses cinco anos, decidiram que a meta anual de erradicação da fome fosse elevada para 22 milhões de pessoas até 2015, para que o objetivo inicial de 400 milhões de pessoas fosse cumprido.

O balanço ou a avaliação realizada em 2002 mostra, portanto, o descumprimento das metas traçadas em 1996. Muitos países não só descumpriram as metas, como também não se empenharam em manter os níveis de redução das pessoas em estado de fome alcançados em anos anteriores. Realmente, não houve empenho nem determinação por parte de muitos governos.

E qual foi o montante estabelecido pela Cúpula Mundial sobre Alimentação para cumprir a meta de erradicar a fome de 400 milhões de pessoas até 2015? Comparado às despesas militares, é uma ninharia. Foi calculado em apenas 23,8 bilhões de dólares anuais, ou seja, cerca de um setenta e três avos dos gastos militares do ano de 2011. Os dirigentes das nações preferem, indiscutivelmente, "canhão ao pão". Lamentavelmente o poder se sobrepõe, neste nosso mundo repleto de irracionalidades, ao direito que toda pessoa tem de se alimentar satisfatoriamente. Afinal, as guerras ou os conflitos armados alimentam poderosos complexos industriais militares, sediados principalmente nos países desenvolvidos. Indiferentes às tragédias humanas, seus interesses estão focalizados nas possibilidades de lucros que as guerras lhes oferecem e não no espírito de solidariedade em relação aos famintos e deserdados. A militarização crescente do mundo e os avanços na construção de armamentos cada vez mais sofisticados constituem, ao lado da fome, uma das grandes contradições de nosso tempo.

Em 1996, o Unicef, ao publicar seu relatório anual, denominado *Situação mundial da infância*, fez uma comparação muito ilustrativa para mostrar o desperdício de recursos financeiros na fabricação de armamentos. Apontou, também, o que seria possível realizar, caso esses recursos fossem canalizados para investimentos sociais, como mostra o quadro da página anterior.

Desperdício de alimentos

Provavelmente por falta de informações, muitos ainda pensam que a existência da fome no mundo é consequência da falta de produção de alimentos ou que a agropecuária não produz alimentos em quantidade e qualidade suficiente para todos. Entretanto, na altura em que nos encontramos neste livro, ou seja, quase no seu final, o leitor já compreendeu que isso é falso. As questões que explicam a existência da fome ou desnutrição são outras. Não têm relação com a falta de produção de alimentos, como já foi exposto anteriormente. Entretanto, desejamos aqui esclarecer alguns pontos.

Segundo o Banco Mundial, estudos realizados na década de 1980 mostravam que existiam cereais em quantidades suficientes para assegurar a toda a população mundial mais de 2.000 calorias e 65 gramas de proteínas por dia por habitante.

Em 2002, John Madeley disse:

> (...) Há alimento disponível para fornecer quase 2 kg para cada pessoa por dia: 1,13 kg de cereais, feijões e frutos secos, 0,5 kg de carne, leite e ovos e 0,5 kg de frutas e hortaliças. Isto é suficiente para dar a todo mundo uma dieta adequada. (...)[34].

O que acontece, então?

A resposta a essa pergunta é encontrada principalmente no desperdício e na destinação dos alimentos produzidos no mundo. Quanto ao desperdício, basta verificar, por exemplo, o lixo doméstico. Milhares de toneladas de alimentos são despejados anualmente, resultantes de sobras de famílias que, sem preocupação alguma, desperdiçam ali-

[34] Madeley, John, cit., p. 49.

US$ 100

Um rifle AK-47.

© MASHUROV/SHUTTERSTOCK.

US$ 100 milhões

10 milhões de minas de solo antipessoais.

© SERGEY KAMSHYLIN/SHUTTERSTOCK.

US$ 800 milhões

23 aeronaves de combate F-16.

© RICKSHU/SHUTTERSTOCK.

US$ 2,4 blhões

Um submarino nuclear.

© ANDREA DANTI/SHUTTERSTOCK.

US$ 24 blhões

11 aviões de bombardeio que despistam radar.

© MELISSA MADIA/SHUTTERSTOCK.

Fonte: Unicef. *Situação mundial da infância*, 1996.

O QUE O DINHEIRO PODE COMPRAR

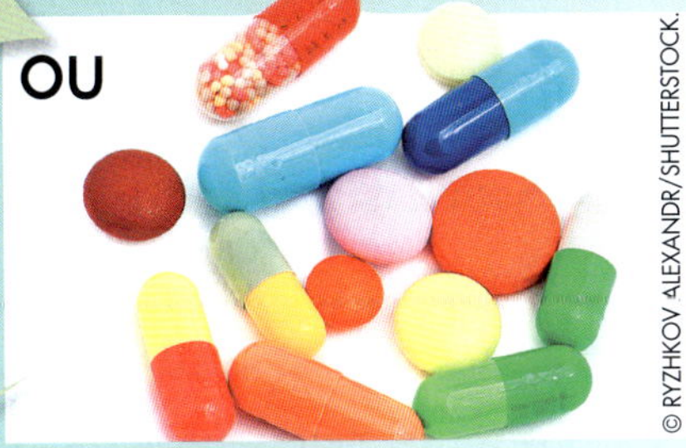

© RYZHKOV ALEXANDR/SHUTTERSTOCK.

Cápsulas de vitamina A em quantidade suficiente para **evitar a cegueira** de **3.000** crianças de **1 ano** de idade.

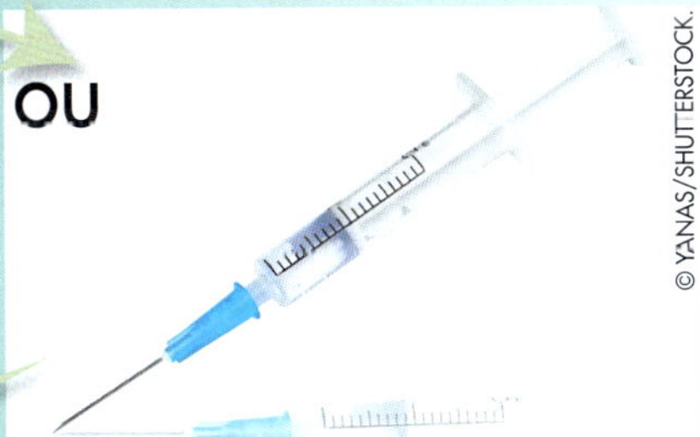

© YANAS/SHUTTERSTOCK.

Imunização suficiente para cerca de **7,7 milhões de crianças** contra **6 doenças** infantis mortais.

© MARGOUILLAT PHOTO/SHUTTERSTOCK.

Sal iodado para proteger, por dez anos, **1,6 bilhões de pessoas** em situação de risco de retardamento mental e outros distúrbios de deficiência de iodo.

© ALIPIO Z. DA SILVA/KINO.

Instalações rurais de água e saneamento de baixo custo para **48 milhões de pessoas**.

© PRESSMASTER/SHUTTERSTOCK.

Quatro anos de educação primária para **135 milhões de crianças** que não estão na escola.

mentos que poderiam servir outras famílias. Assim, nos restos dessas famílias, principalmente as pertencentes às classes sociais mais abastadas, verifica-se, em grande proporção, o esbanjamento. O desperdício é também largamente encontrado nos chamados restos de restaurantes, *fast-foods* ou lanchonetes, bares, lanches servidos em voos aéreos, feiras livres, supermercados, centros de abastecimento, durante as colheitas e no transporte de grãos etc. Nas feiras livres, pode-se observar a cena de homens, mulheres e crianças à cata de comida grátis. Uns, com olhares baixos, disfarçam suas intenções de apanhar as sobras ou os restos, pois ainda lhes resta pudor e sabem que essa situação é humilhante. Outros, se perguntados por que catam as sobras, respondem que é preferível pegar os restos do que roubar, mas o ideal seria mesmo ter um emprego, para que a dignidade fosse restituída.

Estima-se que o Brasil perde anualmente cerca de 26,3 milhões de toneladas de grãos, hortaliças e frutas. As perdas dão-se nas diversas etapas do "caminho percorrido" pelo alimento, desde a colheita até o prato do consumidor (colheita, transporte, armazenamento, beneficiamento dos produtos nas agroindústrias, comercialização nas feiras livres, mercados e centros de abastecimento, restaurantes comerciais e industriais, cozinhas domésticas etc.).

Existem movimentos sociais, no Brasil, que têm o objetivo de orientar o consumidor quanto ao desperdício de alimentos, à compra de produtos e às propriedades dos alimentos etc. Inspirados na ONG New American Dream (Novo Sonho Americano), pregam o "consumo consciente ou ético". No Brasil, por exemplo, a ONG Instituto Akatu (*site*: <www.akatu.net>) tem-se dedicado a esse trabalho. Entre outras, cabe destacar a ONG Banco de Alimentos, fundada em 1998 com o objetivo de "minimizar os efeitos da fome por intermédio do combate ao desperdício de alimentos e promover educação e cidadania", como afirma em suas declarações (*site*: <bancodealimentos.org.br>). O Banco de Alimentos da Companhia de Entrepostos e Armazéns Gerais de São Paulo (Ceagesp) distribuiu mais de 2.000 toneladas de alimentos em 2012, recolhidas de cerca de 590 empresas que atuam nesse entreposto. São alimentos sem valor comercial (frutas mais maduras, folhas murchas de verduras etc.), mas em condições de alimentação, que são aproveitadas e distribuídas a quem precisa. Essas iniciativas e as de muitas outras organizações sociais têm prestado relevante papel para aplacar a fome de famílias e de crianças e idosos de instituições como creches, asilos etc.

Alimentar gado ou gente?

Grande parte da produção mundial de alimentos, principalmente os cereais, destina-se à alimentação animal, principalmente nos países desenvolvidos. Estimativas apontam que 43% das reservas de cereais do mundo são consumidas pelo gado, principalmente nos países ricos, para atender a seu consumo exagerado de carne ou de proteínas animais. Por incrível que possa parecer, os cereais que faltam na alimentação de grande parte da população dos países subdesenvolvidos são consumidos pelos animais nos países ricos. Assim, enquanto o gado dos países desenvolvidos engorda, ganha peso e produz leite em grande quantidade, não só para abastecer o mercado, mas também a indústria de laticínios, milhões de homens, mulheres e crianças dos países pobres sofrem de desnutrição e muitos morrem de inanição. Enquanto em grandes parcelas da população dos países desenvolvidos existe superconsumo ou excesso de consumo de proteínas de origem animal, que, segundo a medicina, ocasiona alta proporção de doenças de degenerescência (principalmente de caráter cardiovascular), nos países da periferia partes consideráveis de suas populações apresentam subconsumo, tanto em quantidade como em qualidade.

Segundo especialistas, para obter o equivalente a uma caloria de origem animal é necessário destinar de três a dez calorias de origem vegetal para alimentar o gado, dependendo do vegetal que é utilizado. São, portanto, de três a dez calorias de origem vegetal que deixam de ser destinadas à alimentação humana e que são dirigidas para produzir uma caloria de origem animal.

Em verdade, não faltam alimentos no mundo. A produção é suficiente para atender todos. O problema é que, além do desperdício e de sua destinação, existe uma questão crucial – a renda.

Neste mundo pautado pela economia de mercado, os alimentos não se destinam a quem precisa deles, mas aos que têm dinheiro para adquiri-los, como fora ressaltado.

Liberalização do comércio e fome

De 1947 a 1994, foram realizadas oito rodadas de negociação entre os países-membros do GATT, com o fim de diminuir as barreiras comerciais. A última, denominada Rodada do Uruguai, realizada entre 1986 e 1994, foi a mais longa e a mais importante. Primeiramente, porque fechou o seu ciclo com a transformação do GATT na Organização Mundial do Comércio (OMC), entidade mais abrangente e com maior poder. A OMC passou a ser o fórum internacional para julgar os impasses comerciais entre países, por meio de seu Comitê de Arbitragem e de seu Órgão de Solução de Controvérsias, que ditam sanções comerciais caso um país-membro tenha violado alguma regra do comércio internacional. Em segundo lugar, porque a Rodada do Uruguai ampliou a abrangência dos acordos comerciais. Segundo Rubens Ricupero, secretário-geral da Conferência das Nações Unidas Sobre o Comércio e o Desenvolvimento (Unctad), mandatos 1995-1999 e 1999-2004, dentre os resultados da Rodada do Uruguai, destacam-se:

> (...) 1. Redução substancial da média das tarifas industriais, proporcionalmente maior nos países em desenvolvimento;
>
> 2. incorporação da agricultura às disciplinas da OMC, mediante o acordo que iniciou sua gradual liberalização;
>
> 3. decisão de desmantelar progressivamente, até fins de 2005, o Arranjo de Multifibras, que regula as exportações têxteis dos países em desenvolvimento por meio de cotas discriminatórias;
>
> 4. extensão das regras comerciais aos serviços, mediante a assinatura do Acordo Geral Sobre Comércio de Serviços (GATS – General Agreement on Trade in Services);
>
> 5. vinculação da propriedade intelectual com o comércio, com base nos Aspectos do Direito de Propriedade Intelectual Relacionados ao Comércio (Acordo Trips – Trade Related Aspects of Intellectual Property Rights) e nas medidas de investimentos;
>
> 6. aperfeiçoamento do sistema de solução e disputas (...)[35].

Dos itens citados anteriormente, lembramos que ao Acordo Trips já nos referimos no capítulo 5. Dos que restaram, interessa-nos, para os propósitos deste livro, o item 2, ou seja, o relativo à agricultura.

No processo em curso de liberalização comercial sem precedentes na história das relações internacionais, chama a atenção que as partes envolvidas sejam muito desiguais. Reúne tanto países avançados como o con-

---

[35] Ricupero, Rubens. *A Alca*. São Paulo, Publifolha, 2003. p. 18.

junto heterogêneo de países subdesenvolvidos, ou seja, economicamente em grau muito diferente de estrutura econômica, nível de produtividade, desenvolvimento científico e tecnológico e de competitividade comercial. Apesar de existir a OMC para nivelar as diferenças e impor tratamento igual ou regras iguais para todos, o que se vê na prática é a sobreposição dos interesses dos países ricos e particularmente de suas transnacionais. Por exemplo, na 3ª Conferência Ministerial da OMC, em 1999, em Seattle, nos Estados Unidos, os países ricos desejavam que o encontro terminasse com um acordo que contemplasse ainda mais a liberalização comercial. Aí estavam presentes, entre outros, *lobbies* poderosíssimos, como é o caso do Transatlantic Business Dialogue, constituído por diretores-presidentes de aproximadamente cem grandes conglomerados transnacionais da União Europeia e dos Estados Unidos, além da União de Confederações Industriais e Empregadores da Europa e de ONGs, representando tanto interesses empresariais quanto aqueles contrários aos diversos acordos comerciais que estão sendo implementados no seio da OMC.

Em Seattle, o encontro foi bastante conturbado. Manifestações paralelas de ONGs (mais de 1,2 mil de cerca de cem países, envolvendo, segundo cálculos, aproximadamente 50 mil pessoas) protestaram contra a globalização e o modo como vem sendo tratada a liberalização comercial de maneira geral, e particularmente quanto ao Acordo Trips e ao Acordo sobre Agricultura. Questionaram, até, a ação das transnacionais no processo de liberalização comercial e os impactos desta na segurança alimentar. A mobilização foi de tal monta que a conferência chegou ao fim sem um único documento conclusivo. Foi um verdadeiro fracasso para os países desenvolvidos empenhados em novas conquistas de liberalização comercial. Para os subdesenvolvidos, representou uma trégua no processo de avanço da liberalização comercial, mas também a não resolução de vários impasses. Em Seattle, houve forte oposição dos países subdesenvolvidos à Política Agrícola Comum (PAC) da União Europeia e seus subsídios à exportação. Esclarecendo, a PAC nasceu em 1962, no âmbito do MCE (Mercado Comum Europeu) ou da CEE (Comunidade Econômica Europeia). O investimento básico da PAC é o Fundo Europeu de Orientação e Garantia Agrícola (Feoga), formado por cotas dos países-membros. Ele é responsável pela subvenção aos agricultores. Na década de 1970, graças aos investimentos no setor agropecuário, a CEE tornou-se grande produtora de laticínios e cereais, passando a competir agressivamente no mercado mundial com tradicionais exportadores (Estados Unidos, Canadá e Austrália).

Quando o Acordo Sobre Agricultura foi introduzido no âmbito do GATT/OMC, no final da Rodada do Uruguai, na qual os países subdesenvolvidos tiveram modesta participação, foi estabelecido que os países-membros da OMC não podiam aumentar a proteção ao setor agrícola em níveis superiores aos que já existiam em 1993.Tanto a UE (União Europeia, que sucedeu a CEE e que entrou em vigor em 1º de janeiro de 1993, com o *status* de União Econômica e Monetária) como os Estados Unidos foram amplamente beneficiados com essa resolução, pois, já antes dessa data, os subsídios por eles dados ao seu setor agrícola já eram elevados, situação que, de modo geral, não ocorria com os países subdesenvolvidos, e consequentemente reduzia o poder de competitividade destes no mercado internacional.

Para se ter uma ideia, os subsídios à agricultura da UE e dos Estados Unidos atingem cifras impressionantes: em 1995, quando da transformação do GATT em OMC, foi de 180 bilhões de dólares. Saltou para 280 bilhões, em 1997, declinando, em 2009 e 2012, para 225 bilhões e 137 bilhões, respectivamente, em função da crise econômica mundial que eclodiu em 2008. Essas cifras são superiores ao PIB de muitos países do mundo.

A OMC condena a prática de subsídios à agricultura porque isso interfere no livre comércio dos produtos e na formação de seus preços. Para o agricultor da UE e dos Estados Unidos, os subsídios são uma tremenda vantagem, pois, estando protegido por eles, continua produzindo, sem se preocupar com a superprodução e, consequentemente, com a queda dos preços no mercado internacional. A queda dos preços por causa dos subsídios é um grande problema, pois, se por um lado beneficia a curto prazo os países que são importadores líquidos de alimentos, por outro traz consequências nefastas para os agricultores dos demais países subdesenvolvidos. Não possuindo subsídios nem, consequentemente, poder de competitividade em decorrência dos preços baixos dos alimentos, muitos agricultores são forçados a abandonar sua atividade e a se deslocar para as cidades, onde passam a engrossar a massa dos desvalidos urbanos.

Como dissemos, se os alimentos a preços baixos beneficiam os países importadores a curto prazo, essa situação conduz implacavelmente ao agravamento da sua dependência de importação a médio e longo prazos, comprometendo tanto sua segurança alimentar quanto sua agricultura de produtos alimentares. Quanto à agricultura comercial, ela tende a se ampliar, gerida não só pelas empresas nacionais, mas, também, pelas transnacionais, que, quando não avançam sobre as terras antes ocupadas por culturas alimentares, estimulam produtores locais a fazê-lo, garantindo, assim, o fornecimento de matérias-primas para seus produtos enlatados e empacotados de consumo mundial.

Citando novamente a Índia como exemplo, nesse país as terras ocupadas por cereais rústicos e leguminosas, alimentos básicos da população pobre, estão sendo substituídas por cultivo de flores destinadas ao mercado externo e outras, para produzir matéria-prima para a fabricação de alimentos para cães e gatos. Tanto num como noutro caso, as transnacionais comandam a operação. As sementes de flores são fornecidas por empresas exportadoras da Holanda, que controlam o comércio mundial desse produto, e uma empresa francesa de ração animal exporta os alimentos para cães e gatos. Tudo isso à custa da diminuição do plantio e da produção de alimentos básicos para a população. Não há, seguramente, nenhuma preocupação com a segurança alimentar e pior, isso é feito com o endosso do governo indiano, cuja meta é aumentar o valor de suas exportações.

A prática do *dumping* (venda de produtos a preços mais baixos que os custos de produção, cuja prática pode ter o objetivo de eliminar concorrentes e conquistar parcelas maiores do mercado) é sem dúvida um problema. Imagine se os países que o praticam, no caso de produtos agrícolas, resolverem, de um momento para o outro, parar de fazê-lo, ou seja, interromper o abastecimento de alimento a baixo preço para os países dependentes da importação. Levando-se em conta que a agricultura de muitos países subdesenvolvidos encontra-se debilitada pela própria prática do *dumping*, depender de alimentação para a população nessas condições é um suicídio, e incompatível com um programa sólido de combate à fome ou de segurança alimentar. Isso contribuirá, sem dúvida, para aumentar a vulnerabilidade social e econômica desses países, uma vez que se sabe que nas relações internacionais existem as condicionalidades impostas pelos mais fortes. Foi exatamente devido ao *dumping* que as populações da África Subsaariana se tornaram extremamente dependentes de alimentos produzidos pela União Europeia. Há cerca de cinco décadas, essa mancha brutal da fome no mundo produzia alimentos básicos para atender às suas populações, como já apontamos anteriormente; durante o período colonial, e mesmo após a independência formal, os seus países foram estimulados a substituir a agricultura de produtos alimentares pela agricultura comercial de exportação (algodão, amendoim etc.). Posteriormente, com a oferta de alimentos baratos pela CEE e depois pela UE, por meio do *dumping*, sua agricultura de produtos alimentares regrediu ainda mais, conduzindo os países da África Subsaariana a uma situação crítica, ou seja, sua segurança alimentar ficou "nas mãos" da União Europeia. Enquanto, por um lado, são exportadores de algodão e amendoim para abastecer as indústrias têxteis e de óleos vegetais da União Europeia, por outro, são dependentes da importação de alimentos.

O mesmo tem ocorrido com a carne bovina, frutas e legumes (principalmente o tomate) subsidiados pela União Europeia. Sua exportação para a África do Sul e para a Namíbia causou impactos muito fortes sobre os produtos locais. As indústrias de enlatados ou de conservas desses países, diante da oferta desses produtos da União Europeia a preços mais baixos, não tardaram em substituir os produtos nacionais pelos importados. Resultado: forte retração na produção local, perda de milhares de empregos, abandono da terra rural, ampliação da concentração da propriedade agrária, substituição da agricultura de alimentos pela comercial de exportação e aprofundamento da situação de dependência alimentar do exterior.

Apesar do Acordo Sobre Agricultura da OMC condenar o *dumping* (o acordo *antidumping*), a sua prática, no entanto, por países de economia avançada, exclui toda a possibilidade de competitividade comercial dos demais países. Falar, portanto, em livre comércio é um engodo.

Enquanto o muro de proteção que países de economia avançada ergueram ao redor de seus agricultores beneficia-os amplamente, ao mesmo tempo prejudica gravemente os demais países e, acima de tudo, coloca em dúvida a eficácia da OMC como organismo internacional multilateral para conduzir e disciplinar o comércio mundial em termos justos.

O ganhador do prêmio Nobel de Economia em 2001, o economista Joseph Stiglitz, em entrevista à *Folha de S.Paulo*, afirmou:

> (...) A liberalização comercial, principalmente o ciclo do Uruguai, foi planejada pelos países ocidentais para os países ocidentais, dando muito pouca atenção a suas consequências sobre os demais países. Assim eles conseguiram vantagens desproporcionais. E as regiões mais pobres do mundo, como a África, hoje estão piores devido aos efeitos do comércio. (...)
>
> (...) A liberalização comercial, repito, foi criada para os países ricos. A mistura das políticas de liberalização e das políticas econômicas restritivas impostas pelo FMI criou um coquetel de efeitos dramáticos para os países em desenvolvimento (...)[36].

36 "Liberalização foi feita para ricos, diz Stiglitz". In: *Folha de S.Paulo*, 6 nov. 2001. Dinheiro B5.

8. Alimentação: fatores culturais e educacionais

> Segundo a mitologia maia, o homem foi criado pelos seus deuses a partir da massa de milho. (...) Cada grão de milho, cada pedaço de tortilha (panqueca de milho), cada gole de *atole* – a bebida tradicional feita com farinha de milho – é uma prova irrefutável de que a alimentação não é simplesmente um processo químico-biológico, mas também uma forma de comunicação direta com as forças sagradas[37].

Além dos fatores de ordem político-econômica, a existência da desnutrição ou fome envolve também fatores culturais. Podemos começar indagando: os hábitos alimentares das diversas comunidades e sociedades do mundo atendem plenamente às necessidades nutricionais?

Como se sabe, muitos desses hábitos são decorrentes não só do que o meio físico pode oferecer em termos de alimentos, mas também de criações culturais elaboradas pelas gerações que se sucedem no tempo.

Pesquisas realizadas por especialistas mostram que existem hábitos alimentares que não podem ser considerados adequados ou suficientes para atender às necessidades biológicas do ser humano nem para a manutenção de sua saúde. Essas pesquisas mostram, ainda, que isso

[37] Petrich, Perla. Homem de milho, homens de carne. *Correio da Unesco*, ano 15, n. 7, jul. 1987. p. 10.

ocorre não apenas nas sociedades tradicionais, de hábitos alimentares já bem arraigados, mas também nas sociedades modernas, urbanizadas. Nestas, essa situação se processa nem tanto em decorrência da busca por manter vivas as tradições alimentares, mas, sobretudo, por causa da invasão cultural e da homogeneização de padrões culturais, processo que sofreu forte aceleração com a globalização dos costumes.

Os *fast-foods*, os alimentos congelados e empacotados etc. representam muito bem aspectos da cultura da vida urbana moderna, com todas as suas vantagens e desvantagens. Vantagem quanto à praticidade e desvantagem porque nem sempre a cultura dos *fast-foods*, por exemplo, atende satisfatoriamente às necessidades nutricionais de quem os frequenta. Um exemplo é o aumento considerável de pessoas com sobrepeso/obesidade nos centros urbanos, que já se apresenta como um sério problema de saúde pública. Desse modo, não é apenas a falta de alimentos que compromete a saúde, mas também o "comer mal", em quantidade e qualidade, ou comer mais do que realmente se necessita. Esse traço do padrão alimentar atual, como já apontamos, tem forte componente cultural, derivado da globalização e da expansão das transnacionais de alimentos e de sua força persuasiva em alterar hábitos alimentares, bem como do desejo do "colonizado" se identificar com o "colonizador".

Por outro lado, a crença generalizada de que as sociedades tradicionais possuem um padrão alimentar que atende plenamente a suas necessidades não é justificada. Na África, por exemplo, por força da tradição e por facilidade de cultivo, muitas comunidades continuam plantando tubérculos (como a mandioca) em áreas onde o clima e o solo possibilitam o plantio de cereais com valor nutricional muito mais rico que a mandioca.

Persiste entre os povos descendentes dos indígenas, no México e na América Central, o costume de alimentar-se do milho, como uma forma não só de saciar a fome, mas também de comunhão com os deuses. O milho, para esses grupos, é o principal alimento, pois entendem que ele, além de alimentar o corpo, alimenta o espírito. Os demais alimentos disponíveis são consumidos apenas por prazer. Esse costume tem um referencial cultural muito significativo: segundo a crença dos antigos maias, os deuses criaram o ser humano a partir da massa de milho. Sendo para eles um alimento sagrado, justifica-se o hábito ainda existente em algumas de suas comunidades de jogar as cinzas de seus mortos entre os pés de milho. Entretanto, essa monotonia alimentar não atende às necessidades nutricionais, favorecendo a incidência de crianças com baixo peso ao nascer, taxas elevadas de mortalidade infantil, baixa esperança de vida média, vulnerabilidade a doenças etc.

Os erros alimentares decorrentes, seja da permanência das tradições culturais, seja da moderna sociedade urbana, fazem também suas vítimas. Causam desnutrição e sobrepeso/obesidade com todas as suas consequências para a saúde. Assim, os tabus, o desconhecimento ou a ignorância e a falta de educação nutricional mais ampla não podem ser negligenciados como corresponsáveis pela desnutrição e fome.

Em vista disso, organismos internacionais como a Unesco, a FAO, a OMS e o Unicef vêm há tempos desenvolvendo, em escala mundial, trabalhos de esclarecimento sobre os bons hábitos alimentares. Para tanto, utilizam a grande força de penetração dos meios de comunicação, além dos programas de alfabetização de adultos, principalmente de mulheres, em razão do papel que elas desempenham nas sociedades tradicionais. Nelas, a educação nutricional encontrou um veículo rápido e eficaz de expansão. A elaboração de cartilhas para crianças e adultos, valorizando temas relativos aos alimentos, a introdução do ensino nutricional nos programas escolares, palestras ou seminários e muitas outras providências foram implantadas e desenvolvidas. Entretanto, são medidas pontuais que carecem de maior abrangência. Sem, contudo, desconsiderar essas medidas, ao contrário, reconhecendo a importância dessa empreitada, não podemos também perder de vista que o acesso aos alimentos, nos dias atuais, não ocorre como no passado. Se antes muitas comunidades viviam num certo isolamento e desenvolviam uma agricultura de autossubsistência, já há tempos o avanço do capitalismo, a transnacionalização da agricultura e da indústria agroalimentar subverteram a organização da produção no campo. Os alimentos tornaram-se, então, mais uma mercadoria de compra e venda. E o seu acesso depende hoje, mais do que nunca, do dinheiro. Assim, muitas comunidades ou sociedades, mesmo que desejem alterar seus hábitos alimentares, não o fazem por falta de recursos. A persistência, portanto, de padrões culturais alimentares insuficientes nutricionalmente não pode ser creditada apenas à herança cultural, devendo-se também, e sobretudo, considerar a não inserção de comunidades ou segmentos das sociedades em projetos de desenvolvimento social. Excluídos dos projetos de inclusão social, "defendem-se" como podem para alimentar-se. E, sem mudanças sociais, políticas e econômicas significativas em seus países, continuarão a praticar hábitos alimentares restritivos.

Entretanto, essas considerações não invalidam a necessidade de implantar programas de educação alimentar que incluam também temas referentes ao aproveitamento integral dos alimentos disponíveis. Isso não diz respeito apenas às camadas da população menos favorecidas economicamente, mas também àquelas com renda mais do que suficiente para comprar alimentos e que não sabem comer *bem* ou *comem mal* – hábitos errados em quantidade e/ou qualidade. Desse modo, mesmo considerando que o alimento seja escasso para muitas famílias e abundante para outras, nada justifica o desperdício e o desconhecimento de seu integral aproveitamento. Explicando: por que aproveitar como alimento apenas a parte tuberosa da cenoura e jogar fora sua folhagem, se esta possui valor nutricional, podendo converter-se em prato saboroso, dependendo de seu preparo? O mesmo se pode dizer em relação à beterraba, à couve-flor ou aos brócolis, dos quais é comum aproveitar-se apenas uma parte. Dessa maneira, toneladas de alimentos são jogadas fora, quando poderiam ser aproveitadas integralmente na alimentação diária, o que representaria melhora na qualidade nutricional e economia no orçamento.

Pesquisas estão sendo realizadas por especialistas em nutrição com o objetivo de descobrir a utilização culinária de cascas e bagaços, como é o caso da casca de banana, alimento tão rico e que não é aproveitado, principalmente no Brasil, um dos maiores produtores de banana do mundo, que desperdiça grande parte de sua produção.

Se desenvolvermos, de início, a cultura ou a consciência social ecológica de que os alimentos fazem parte do conjunto dos recursos naturais que a Terra nos oferece – como o solo, a água das nascentes, dos rios, lagos, mares, o clima, os minerais etc. –, estaremos dando um grande passo não só na educação ambiental, mas também na educação alimentar, pois, como se sabe, existe na natureza uma dependência entre todos os seus elementos, incluindo a produção agrícola. A agressão ou modificação de um deles pela ação antrópica implica necessariamente a alteração do conjunto, com consequências graves para a própria existência humana. Se compreendermos também que o uso dos alimentos deve ser parcimonioso, ou seja, deve ser feito de forma cuidadosa e econômica e, portanto, sem esbanjamento – o consumo consciente ou ético, a que nos referimos anteriormente –, estaremos contribuindo para a nossa própria segurança alimentar e para a melhora do quadro nutricional geral.

José Eduardo Dutra de Oliveira, médico, ex-professor da Faculdade de Medicina de Ribeirão Preto, especialista em Alimentação e Nutrição e com larga experiência nessa área científica, afirma:

> (...) É preciso assinalar que a orientação e educação alimentar são os aspectos mais importantes do setor e dos mais negligenciados. Existe uma ignorância generalizada sobre o assunto em todos os níveis sociais (...)[38].

[38] Oliveira, José Eduardo Dutra de. Segurança pública alimentar: o direito de comer. In: Takagi, Maya; Silva, José Graziano da; Belik, Walter (orgs.). *Combate à fome e à pobreza rural*. São Paulo, Instituto Cidadania, 2002. p. 157.

Em uma entrevista à *Revista Gutenberg*, de Ribeirão Preto, em julho de 2003, entre outros assuntos, ele ressalta a importância que deve ser dada às campanhas pela boa alimentação, pois "os distúrbios provenientes da alimentação afetam quem não está comendo e quem está comendo e não sabe comer". Vai mais longe, propondo que se implante uma Unidade Básica de Agricultura e Alimentação, a exemplo da Unidade Básica de Saúde, com o objetivo de dotar esse setor de estrutura fixa e de orientar e informar a população sobre as questões que envolvem a boa alimentação, o aproveitamento integral dos produtos, o que se deve comer, como preparar os alimentos, as consequências do comer muito, qualidade dos alimentos etc., enfim, uma proposta de reeducação alimentar. Tal proposta, uma vez implementada, deverá alterar hábitos alimentares errados, além de levar a população a conhecer e a aproveitar mais apropriadamente os alimentos e evitar seu desperdício ou esbanjamento. São ações locais, mas que, somadas a outras mais amplas de mudanças socioeconômicas estruturais, surgem como possibilidades de alterar o quadro da má alimentação e também da desnutrição ou fome que assola o Brasil e outros países.

Divulgado em 2011, o estudo realizado pelo IBGE, constante da Pesquisa de Orçamentos Familiares 2008/2009, mostrou que boa parte dos brasileiros comem muito e mal. Ingerem alimentos muito calóricos e com muito sódio, consomem pouca quantidade de verduras, legumes e frutas, além de outras deficiências alimentares. Entre as causas apontadas por especialistas em nutrição, coloca-se a facilidade do rápido preparo do alimento industrial que substituiu largamente, em certas camadas da população, o alimento natural e de preparo doméstico[39].

[39] IBGE. Pesquisa de Orçamentos Familiares 2008/2009. Disponível em: <www.ibge.gov.br>. Acesso em: 21 fev. 2014.

9. Combate à fome no Brasil

A TAREFA DE FAZER UM PAÍS NÃO TERMINA COM A ERRADICAÇÃO DA POBREZA, MAS SE INICIA NECESSARIAMENTE POR ELA. E O PRIMEIRO PASSO DEVE SER NECESSARIAMENTE O PRIMEIRO PASSO. TALVEZ ESTE TENHA SIDO NOSSO MAIOR ERRO: QUERER DAR OS PASSOS SEGUINTES ANTES DE DAR OS PRIMEIROS.[40]

Antecedentes

A fome ou desnutrição é uma antiga companheira indesejável de parcelas expressivas da população brasileira. A implantação do projeto colonial português – a colonização de exploração –, que teve por base explorar tudo que a terra e a sua gente pudesse fornecer para o enriquecimento da metrópole, teve peso considerável na organização da produção agrícola. Esta assentou-se, desde o início, como vimos no capítulo 2, nas grandes unidades produtoras, voltadas, fundamentalmente, para abastecer o mercado externo. Assim, desde o início do período colonial, com uma produção agrícola extrovertida, o Brasil passou a conhecer crises de subsistência. A primeira delas ocorreu durante o período da agroindústria canavieira no século XVIII. A preocupação em obter lucros crescentes com a atividade açucareira era tanta, que

[40] Buarque, Cristovam. *A segunda abolição*: um manifesto-proposta para a erradicação da pobreza no Brasil. São Paulo, Paz e Terra, 1999, p. 132.

se desprezavam as lavouras de subsistência, como já fora apontado no capítulo 2. Chegou-se a uma situação tal que a metrópole portuguesa teve de interferir por meio de uma legislação, obrigando os senhores de engenho a ampliar as áreas destinadas ao plantio de gêneros alimentares, sobretudo para atender às necessidades da população escrava.

Como já vimos também, a agricultura de produtos alimentares sempre foi considerada, não só durante o período colonial, mas também durante o longo período de "reinado" da cafeicultura, da primeira metade do século XIX até aproximadamente 1930, um verdadeiro apêndice da grande lavoura comercial de exportação. Desse modo, no decorrer de todo esse tempo, a causa da fome ou desnutrição esteve mais relacionada ao problema da insuficiência da oferta de produtos alimentares do que da renda da população. A escassez de oferta impelia os preços dos alimentos a se elevarem de tal forma que, nos primeiros anos do século XX, as passeatas de protestos contra a carestia se multiplicaram em várias cidades brasileiras. Durante a Primeira Guerra Mundial (1914-1918), o pouco que produzíamos era em larga medida exportado para atender às necessidades dos países envolvidos no conflito. Assim, o encarecimento de gêneros alimentícios serviu de estopim para a deflagração da primeira greve geral operária do Brasil, em 1917, na cidade de São Paulo. O movimento grevista, além de reivindicar a queda dos preços, propunha a criação de um conselho de alimentação administrado por associações populares. A resposta do governo federal foi criar o Comissariado de Alimentação Pública, tentando redirecionar as políticas de abastecimento.

No decorrer do século XX, vários movimentos sociais eclodiram em nosso país em protesto contra a fome e a carestia.

Com base no trabalho da professora Maria da Glória Gohn[41], podemos listar esses movimentos, com o intuito de mostrar que essa é uma questão antiga na sociedade brasileira:

- em 1913, estima-se que mais de 10 mil pessoas participaram de um comício contra a carestia no Rio de Janeiro;
- em 1914, na cidade de São Paulo, organizou-se um Comitê Proletário de Defesa Popular de Luta Contra a Carestia;
- em 1916, também na cidade de São Paulo, houve um grande comício em praça pública contra o alto custo de vida;
- em 1918, no Rio de Janeiro, organizou-se o Comitê de Combate à Fome;
- em 1924, lideranças sindicalistas enviaram uma moção de operários ao Comitê das Forças Revolucionárias, da Revolta Paulista dos Tenentes, reivindicando o estabelecimento de uma tabela de preços máximos para os produtos de primeira necessidade;
- em 1931, o Partido Comunista do Brasil organizou a Marcha da Fome em várias cidades brasileiras; a polícia impediu a marcha no Rio de Janeiro; em São Paulo, manifestantes foram presos e, em Santos, ocorreu confrontação armada;
- em 1946, depois da redemocratização do país, com o fim da ditadura de Vargas, foi lançada uma campanha de âmbito nacional, Campanha Popular Contra a Fome; esta se caracterizou pela criação de uma Banca de Queixas, com o fim de receber denúncias contra comerciantes que abusavam dos preços;

---

[41] Gohn, Maria da Glória. *Os sem-terra, ONGs e cidadania:* a sociedade civil brasileira na era da globalização. São Paulo, Cortez, 1997.

- em 1953, o Movimento de Luta Contra a Carestia promoveu uma manifestação em São Paulo, que reuniu cerca de 500 mil pessoas na Passeata da Panela Vazia;
- em 7 de agosto de 1963, eleito o Dia Nacional de Protesto Contra a Carestia, ocorreram manifestações em várias cidades do Brasil;
- em 1973, foi criado em São Paulo o Movimento do Custo de Vida, pela ala progressista da Igreja Católica; apesar do regime autoritário vigente, esse movimento realizou protestos;
- nos anos de 1980, o Movimento Contra a Carestia, nascido do Movimento do Custo de Vida, realizou congressos nacionais; entretanto, a mobilização da sociedade brasileira em torno da redemocratização do Brasil e da Constituinte concentrou as atenções da população, enfraquecendo o movimento; mas a questão da fome não desapareceu do cenário brasileiro nesse período e tornou-se mais pontual e associada ao movimento dos desempregados e à ocorrência de saques a supermercados, principalmente nos anos de 1983-1984, com a economia nacional em plena recessão.

Todos os movimentos listados, se não repercutiram de imediato no combate à carestia e à fome, mostraram, pelo menos, aos governantes ou ao Estado, que eles não podiam ficar indiferentes ou apáticos diante de tão delicada questão. No decorrer desse grande período – 1913-1984 –, várias iniciativas governamentais foram implementadas. Órgãos foram criados e extintos dentro das políticas públicas sociais de abastecimento popular. Não focavam exatamente o combate à fome de uma forma ampla. Eram iniciativas mais voltadas para a problemática do abastecimento, distribuição de alimentos e regulação de seus preços.

Em 1951, por exemplo, foi criada, no governo Getúlio Vargas, a Comissão Federal de Abastecimento e Preços (Cofap). A criação dessa instituição e sua ação abriram caminho para a implantação de outras. No governo João Goulart (1961-1964), surgiram a Companhia Brasileira de Alimentos (Cobal), empresa estatal com o propósito de assegurar o abastecimento de gêneros alimentícios, regular o mercado, inibir a especulação e atender a áreas do país onde a comercialização se mostrava deficiente; a Companhia Brasileira de Armazéns (Cibrazen), cujo objetivo era o armazenamento de produtos agrícolas; a Superintendência Nacional de Abastecimento (Sunab), como órgão fiscalizador; além da criação do EntrepostoTerminal de São Paulo, transformado, na década de 1970, em Ceagesp e Centrais de Abastecimento (Ceasa), em várias cidades brasileiras, juntamente com o Instituto Nacional de Alimentação e Nutrição (Inan).

No período dos governos militares (1964-1985), a preocupação com a distribuição de alimentos e o controle de preços para o consumidor prosseguiu. Institui-se uma extensa rede de centrais de abastecimento ou entrepostos de comercialização, instalações varejistas (Rede Somar), varejões e sacolões por todo o país. Para tanto, a administração pública colocava à disposição os locais, ou seja, as instalações de mercados municipais ou outras edificações, para que os produtos chegassem mais facilmente aos consumidores. Infelizmente, esses programas foram mal administrados. Ou ainda, em vista da dimensão do problema, foram escassos os investimentos destinados para sua consecução, além do que, muitas vezes, os programas estavam submetidos ou vinculados a interesses políticos, deixando assim de atingir os propósitos para os quais haviam sido criados.

Data também do período militar, mas principalmente a partir de 1979, no governo João Baptista Figueiredo, o maior estímulo à agricultura. Por meio de créditos agrícolas subsidiados, a agricultura apresentou grande expansão, e a fronteira agrícola foi amplamente alargada. Para escoar a produção, foram construídos corredores de exportação e estradas. O governo federal via no aumento das exportações agrícolas a possibilidade de conseguir os dólares de que tanto o país necessitava. Consequentemente, reproduzia-se o padrão tradicional da agricultura brasileira, ou seja, uma atividade voltada para o mercado externo. A expansão do cultivo de soja, laranja e cana-de-açúcar superou de longe a do cultivo de produtos alimentares (arroz, feijão, mandioca etc.), como já vimos anteriormente. Para estimular a produção dos gêneros exportáveis, além do crédito subsidiado, o governo federal veiculava *slogans* nos meios de comunicação, entre eles: "Plante que o João garante".

Apesar de todo o conjunto de providências tomadas pelos governos, entre 1950 e 1990, para dotar o país de armazéns para estocagem de produtos agrícolas, assegurar o abastecimento, tentar inibir a especulação, criar órgãos fiscalizadores, implantar centrais de abastecimento, varejões, sacolões etc., elas se mostraram ineficazes, não só para o controle dos preços dos alimentos, como também para combater a fome ou desnutrição. Aliás, não havia, na verdade, essa última intenção nas iniciativas governamentais. Com exceção de providências pontuais e assistencialistas realizadas por entidades filantrópicas, instituições religiosas, prefeituras etc. – é o caso da merenda escolar instituída pelo governo Vargas, em 1953 –, além do socorro emergencial de distribuição de cestas de alimentos aos flagelados pela seca do Nordeste, não havia um programa específico, de âmbito nacional, dirigido ao combate à fome.

Para agravar ainda mais a situação, a urbanização crescente nesse período, a mudança de hábitos alimentares e a expansão da indústria alimentícia, inflacionando os preços dos produtos *in natura*, tornaram mais difícil o acesso aos alimentos por parte da população de baixa renda.

Em 1986, no governo José Sarney (1985-1990) foi criado o Programa Nacional do Leite para Crianças Carentes (PNLCC). Lançado de início nas capitais do Nordeste e depois ampliado para outras capitais, tinha como meta atingir 10 milhões de crianças de até 7 anos de idade, de famílias cadastradas com rendimento mensal de até dois salários mínimos. Foi a primeira experiência no Brasil de distribuição em larga escala de cupons de alimentação (ficaram conhecidos como "tíquetes do Sarney"). O PNLCC não exigia nenhuma contrapartida das famílias cadastradas, era um programa apenas assistencialista. É também do governo Sarney a implantação do Plano Cruzado, seguido do Plano Bresser (1987) e do Plano Verão (1989). Combinando austeridade fiscal e monetária, o governo congelou preços e salários, extinguiu a correção monetária e criou o seguro-desemprego. Para combater os preços abusivos, o governo desencadeou uma fiscalização acirrada. Para tanto, não só o quadro de fiscais do governo foi chamado para desencadear a ação, mas também a população, de um modo geral, foi transformada, na época, em "fiscais do Sarney". Entretanto, a inflação, situada em patamares elevados, e a incapacidade de o Brasil honrar seus compromissos externos levaram o governo a pedir moratória de sua dívida externa. Os preços dos alimentos, que se encontravam elevados, dispararam ainda mais, penalizando, principalmente, a população de baixa renda.

Vê-se assim que, até 1990, início do governo Collor (1990-1992), não houve preocupação dos governos brasileiros em abraçar um projeto ou programa de combate à fome no Brasil. As ações ficaram restritas a questões de armazenamento e distribuição de produtos alimentares, tentativas de regulação de preços, doação de cestas de alimentos em casos de calamidade pública etc.

A Ação da Cidadania contra a Miséria e pela Vida

Em 1991, o candidato à presidência da República, Luiz Inácio Lula da Silva, derrotado na eleição de 1989 por Fernando Collor de Melo, solicitou ao Instituto Cidadania um estudo ou proposta de segurança alimentar e nutricional para o Brasil. A coordenação coube a José Gomes da Silva[42] – pai de José Graziano da Silva, primeiro-ministro do Ministério Extraordinário de Segurança Alimentar e Combate à Fome (Mesa), no primeiro governo Lula (2003-2006), que produziu o documento Política Nacional de Segurança Alimentar.

Com o *impeachment* (destituição do poder resultante de decisão por voto dos integrantes do Congresso Nacional) de Fernando Collor de Mello, em 1992, assumiu o vice-presidente Itamar Franco. O Partido dos Trabalhadores (PT), percebendo condições políticas favoráveis, apresentou ao presidente, em 1993, sua proposta de segurança alimentar. Esse documento propunha um conjunto de estratégias de combate à miséria e à fome no Brasil, sugerindo que tal empreitada deveria ficar ligada diretamente à presidência da República. O presidente Itamar Franco encampou a ideia e solicitou que o sociólogo Herbert de Souza, o Betinho, coordenasse o programa de combate à fome. Este, por sua vez, pediu a colaboração de Dom Mauro Morelli, bispo de Duque de Caxias, Rio de Janeiro, religioso que sempre se destacou por suas ações sociais e posturas políticas progressistas.

O Movimento pela Ética na Política (MEP), criado em junho de 1992, que desempenhou papel relevante no processo de *impeachment* de

[42] José Gomes da Silva, engenheiro agrônomo, doutor em agronomia pela Universidade de São Paulo, consultor da OEA, com larga experiência na questão agrária. Participou do Plano de Revisão Agrária do Estado de São Paulo, grupo de trabalho que elaborou o Estatuto da Terra. Foi presidente do Supra (Superintendência da Política Agrária do Incra), fundador da Abra (Associação Brasileira da Reforma Agrária), secretário de agricultura do estado de São Paulo, no governo Franco Montoro (1982-1985), implantou o Instituto de Assuntos Fundiários. Publicou vários estudos sobre a questão agrária.

Fernando Collor, logo aderiu aos propósitos desse grande projeto. Em 1993, em Brasília, foi fundada a Ação da Cidadania Contra a Miséria e pela Vida (ACCMV). Foi redigido o documento Carta da Ação da Cidadania: Democracia e Miséria não são Compatíveis, com o apoio de várias organizações – Ordem dos Advogados do Brasil (OAB); Conferência Nacional dos Bispos do Brasil (CNBB); Central Única dos Trabalhadores (CUT); Conselho Federal de Economia (Cofecon); Instituto de Estudos Socioeconômicos (Inesc) etc., para esclarecimento da opinião pública e para anunciar o apoio do governo federal ao combate à miséria e à fome.

Nesse mesmo ano, o Instituto de Pesquisa Econômica Aplicada (Ipea), subordinado ao Ministério do Planejamento, concluía o trabalho Mapa da Fome. Coordenado por Anna Maria Peliano, esse trabalho mostrou que o Brasil possuía 32 milhões de pessoas vivendo como indigentes, na pobreza absoluta e, portanto, em situação de fome[43]. Fato vergonhoso para um país que, à época, se colocava entre os dez de maior PIB do mundo.

Em seguida, o governo federal, em parceria com a ACCMV, criou o Conselho de Segurança Alimentar (Consea). Dele faziam parte oito ministros de Estado e vinte e um representantes da sociedade civil. Pela primeira vez na nossa história, formou-se um verdadeiro mutirão ou grande parceria entre o governo federal e organizações da sociedade civil, voltadas para a massa dos despossuídos da população brasileira.

O Consea, tendo por base o Plano de Combate à Fome e à Miséria, elaborado pelo Ipea[44], estabeleceu como prioridade:

---

43 Peliano, Anna Maria (coord.). O mapa da fome: subsídios à formulação de uma política de segurança alimentar. *Documento de política*, n. 14, Brasília, Ipea, 1993; e Peliano, Anna Maria (coord.). O mapa da fome: indicadores sobre a indigência no Brasil (classificação absoluta e relativa por municípios). *Documento de política*, n. 17, Brasília, Ipea,1993.

44 Peliano, Anna Maria (coord.). *Plano de combate à fome e à miséria, princípios, prioridades e mapas das ações do governo*. Brasília, Ipea, 1993.

A geração de emprego e renda; a democratização da terra e o assentamento de produtores rurais; o combate à desnutrição materno-infantil; o fortalecimento, ampliação e descentralização do Programa Nacional de Alimentação Escolar; a continuidade da utilização de estoques públicos para programas de alimentação social (Prodea – Programa de Distribuição Emergencial de Alimentos); e a revisão do PAT (Programa de Alimentação do Trabalhador)[45].

O primeiro Comitê da Ação da Cidadania Contra a Miséria e pela Vida (ACCMV) foi fundado em Barra do Piraí, no Rio de Janeiro. Várias entidades desse município aderiram prontamente à luta contra a fome e a miséria (bancos, sindicatos, associações comerciais, centros espíritas, igrejas etc.). Em seguida, os comitês se multiplicaram pelo Brasil, contando com a adesão de artistas, meios de comunicação, intelectuais, sindicatos, empresas e da população em geral. O perfil não político partidário e a liderança exercida por Betinho deram grande credibilidade à campanha. A arrecadação de alimentos em todos os cantos do Brasil e sua distribuição à população carente foi feita de forma eficiente, graças à adesão maciça de empresas de transporte e à organização dos comitês.

Na sua segunda fase, a campanha, refutando as teses assistencialistas de que era acusada, colocou em discussão a questão do desemprego. Betinho reuniu-se com vários secretários do trabalho para discutir a geração de empregos. No início de 1995, introduziu na sua agenda a reforma agrária, quando, então, lançou a Carta da Terra.

Nesse mesmo ano, o governo de Cristovam Buarque no Distrito Federal lançou o Bolsa Escola para as famílias de renda *per capita* mensal igual ou inferior a meio salário mínimo. Por esse programa, a família

[45] Instituto Cidadania. *Projeto Fome Zero*: uma proposta de política de segurança alimentar para o Brasil. São Paulo, Fundação Djalma Guimarães, 2001, p. 23.

recebia um salário mínimo desde que mantivesse os filhos entre 7 e 14 anos na escola. Em Campinas (SP), também foi implantado programa semelhante durante a gestão do prefeito José Roberto Magalhães.

Com a eleição de Fernando Henrique Cardoso para a presidência da República, em 1995, a ACCMV, ou a Campanha do Betinho, como ficou conhecida, arrefeceu. Entretanto, deixou, de forma clara, a possibilidade de o governo federal abraçar a questão da fome. Betinho e seus companheiros, que dirigiram a campanha, sabiam que as ações empreendidas não iriam resolver a questão da miséria e da fome. Mas, em contrapartida, sabiam que era preciso denunciar a situação em que viviam milhões de brasileiros, lançando um grito de "Acorda, Brasil!". Os objetivos foram efetivamente alcançados, pois, após a fundação do Consea e da ACCMV, a questão da fome e da miséria passou a receber um novo tratamento, tanto em termos governamentais como empresariais e da sociedade brasileira como um todo. Deixou como resultado:

- a inclusão da segurança alimentar na agenda política brasileira, consolidada com a realização da Primeira Conferência Nacional de Segurança Alimentar, em julho de 1994;
- inaugurou uma nova maneira de governar, por meio de uma nova prática e cultura de gestão compartilhada, tendo como atores integrados a presidência da República, ministérios e sociedade civil (empresas, sindicatos, associações de bairros, ONGs, igrejas etc.);
- apontou os pontos de estrangulamento que freiam o desenvolvimento social brasileiro e que são, até mesmo, responsáveis pela miséria e pela fome, como é o caso da concentração de renda e da terra e o próprio modelo de desenvolvimento, calcado na modernização conservadora e excludente.

O governo Fernando Henrique Cardoso extinguiu o Consea. Em seu lugar, criou o Conselho de Comunidade Solidária, tendo como presidente a primeira-dama Ruth Cardoso. Esse conselho governamental revestiu-se de caráter consultivo, dirigindo-se mais às questões de exclusão econômica e social e se distanciando do problema da segurança alimentar. Entretanto, outros programas sociais levados adiante na gestão do presidente Fernando Henrique Cardoso tiveram sucesso. É o caso do Programa de Erradicação do Trabalho Infantil (Peti), implantado no final de seu governo, com o objetivo de alterar a situação de milhares de crianças que tinham abandonado a escola e abraçado o trabalho, muitas vezes insalubre, para engrossar o minguado orçamento familiar. E do Bolsa Escola, que destinava 15 reais por mês e por criança para famílias com renda de até meio salário mínimo por pessoa. O Auxílio Gás, o Bolsa Alimentação e outros faziam parte do Comunidade Solidária, vinculado aos ministérios governamentais.

Historicamente, os programas públicos sociais no Brasil raramente foram levados a sério, ou melhor, priorizados. Em vista das permanentes dificuldades financeiras do país, eram os primeiros a sofrer cortes orçamentários ou seu orçamento nem sequer era integralizado. Assim, muita coisa deixou de ser realizada na área social, comprometendo as condições de vida de milhões de brasileiros.

Segundo o Inesc (Instituto de Estudos Socioeconômicos), ONG que se dedica ao acompanhamento da execução do orçamento federal, de 1995 a 1998, por exemplo, houve redução de 31% nos gastos sociais, devido a cortes, e aumento de 336,9% nos recursos alocados para pagamento da dívida pública[46].

46 *Projeto Fome Zero*: uma proposta de política de segurança alimentar para o Brasil, cit., p. 26.

Fome Zero, Brasil Sem Miséria e Brasil Carinhoso

Durante a campanha eleitoral de 2002 para a presidência da República, o Partido dos Trabalhadores voltou a incluir na sua plataforma seu antigo propósito: o combate à fome e à miséria (a segurança alimentar esteve presente nas três últimas campanhas presidenciais disputadas por Lula, a de 1994, 1998 e 2002; não figurou na de 1989).

O candidato do PT, Luiz Inácio Lula da Silva, reiterava em suas declarações públicas que "cada brasileiro precisa ter três refeições por dia".

O Projeto Fome Zero foi elaborado por uma equipe coordenada por José Graziano da Silva, que já citamos anteriormente. A fome passou, então, a ser tratada em âmbito ministerial e como questão política.

Chama a atenção, logo de início, o aposto ou complemento incluído na denominação do Projeto Fome Zero, ou seja, uma Proposta de Segurança Alimentar para o Brasil. Ao ler o Projeto, verifica-se que esse aposto se justifica, pois a proposta nele contida não está dirigida apenas para o combate à fome ou desnutrição por meio do expediente assistencialista. Ao envolver a questão da segurança alimentar, e esta sendo entendida, segundo a FAO, como "uma situação na qual todas as pessoas, durante todo o tempo, tenham acesso físico, social e econômico a uma alimentação suficiente, segura e nutritiva que atenda a suas necessidades dietárias e preferências alimentares para uma vida ativa e saudável", está, na verdade, considerando que a população, que padece com fome ou desnutrição, consiga atingir uma situação de autossuficiência para o acesso aos alimentos. A proposta era, portanto, abrangente. Não se resumia a "dar" ou "fornecer" o alimento a quem precisa, de forma permanente. Propunha criar as condições para que a população tivesse acesso aos alimentos por conta própria, pois de nada adianta sua disponibilidade, se parte do contingente populacional não tem renda para adquiri-los.

A noção, portanto, de segurança alimentar implica necessariamente agir nas causas da fome e da pobreza. O próprio Herbert de Souza chamava a atenção para esse fato, dizendo: "atuar no emergencial sem considerar o estrutural é contribuir para perpetuar a miséria"[47].

Resumidamente, o Projeto Fome Zero engloba *políticas estruturais* e *políticas emergenciais*.

As políticas estruturais compreendem a geração de empregos e renda, a previdência social universal, o incentivo à agricultura familiar, a reforma agrária, o Bolsa Escola (mas com a condição de as famílias beneficiárias manterem seus filhos na escola) e a segurança e qualidade de alimentos.

O próprio Projeto Fome Zero sinalizava que as políticas estruturais somente poderiam ser implantadas se houvesse a adoção de um novo modelo econômico que gerasse crescimento e que priorizasse o mercado interno, ou seja, que o Brasil se voltasse também para si mesmo, por meio da elevação da renda de sua população, principalmente daqueles que estão à margem do processo de produção e consumo de bens fundamentais, como é o caso, por exemplo, dos alimentos. Essa inserção conduziria a uma maior dinamização tanto da economia local quanto da nacional, atendendo à própria lógica do capitalismo.

As políticas emergenciais, segundo o Projeto Fome Zero, deveriam ser implementadas, pois, como também alertava Betinho, "a fome não pode esperar". Paralelamente, portanto, às ações estruturais, o Fome Zero propunha ações emergenciais, compreendendo políticas locais, ou seja, implantadas por prefeituras e pela sociedade civil organizada

[47] *Projeto Fome Zero*: uma proposta de política de segurança alimentar para o Brasil, cit., p. 84.

(restaurantes populares, bancos de alimentos, sacolões, cozinhas comunitárias etc.) e políticas específicas: cartão-alimentação, doações de cestas básicas emergenciais, contemplando também assentamentos rurais, aldeias indígenas e remanescentes quilombolas, ampliação do PAT, ampliação da merenda escolar, educação para o consumo e educação alimentar, combate à desnutrição infantil e materna, manutenção de estoques de segurança e qualidade dos alimentos.

Tratava-se de um programa bastante amplo, que exigia coordenação eficiente. Lançado oficialmente em 30 de janeiro de 2003, o Mesa iniciou o programa em dois municípios do estado do Piauí: Guaribas e Acauã, detentores de baixo IDH e em situações de emergência.

Mulher carregando lata de água na cabeça, seis meses após o lançamento do Projeto Fome Zero. A água foi canalizada de um olho de água na serra até a cidade, diminuindo a distância a ser percorrida a pé. Guaribas (PI), setembro de 2003.

O programa recebeu também muitas críticas, principalmente quanto ao chamado cartão-alimentação.

Segundo os executores do Projeto Fome Zero, o cartão-alimentação é uma experiência bem-sucedida e já consolidada em outros países. Nos Estados Unidos, por exemplo, os cupons-alimentação (*Food Stamp Program*) foram introduzidos nos anos 1930, durante a Grande Depressão[48]. É importante compreender que foram instituídos não só para socorrer aqueles que não tinham possibilidade de compra de alimento. Objetivava-se, também, dinamizar as economias locais e consequentemente regionais e nacionais. A ideia é que, se o portador do cartão-alimentação possuir renda para adquirir alimentos, ao fazê-lo estará estimulando a produção local, que, por sua vez, irá gerar empregos, e estes acabarão se desdobrando para outras atividades econômicas, além de aumentar a arrecadação de impostos.

No início da implantação do Projeto Fome Zero, as famílias beneficiárias recebiam um cartão-alimentação que lhes possibilitava retirar todo mês, na Caixa Econômica Federal, a importância de R$ 50,00. De posse desse recurso, podiam comprar os alimentos, no seu próprio município, excetuando-se fumo, bebidas alcoólicas e refrigerantes. Essa estratégia difere da doação de cestas básicas de alimentos, pois neste caso as cestas já saem montadas de um lugar ou cidade, para socorrer populações em risco de outros municípios ou regiões, sem contudo dinamizar a economia local. Já com o cartão-alimentação a economia local é dinamizada. A família cadastrada no Fome Zero, além do recebimento do cartão-alimentação, devia se comprometer a participar das políticas públicas, que têm por objetivo tirá-la da exclusão social: cursos de alfabetização, hortas domésticas e comunitárias, formação de cooperativas, frequência a postos de saúde, microcrédito, construção de moradia e cisterna de captação de água da chuva (no caso do semiárido) etc.

Em outubro de 2003, o Projeto Fome Zero entrou numa nova fase. O governo federal decidiu unificar quatro programas de transferência de renda anteriormente existentes e administrados por vários

48 Bickel, Gary W.; Andrews, Margaret S. A evolução do programa de cupom-alimentação e a mensuração da fome nos Estados Unidos. In: Tagaki, Maya; Silva, José Graziano da; Belik, Walter. *Combate à fome e à pobreza rural*. São Paulo, Instituto Cidadania, 2002. p. 33.

ministérios (Educação, Saúde, Minas e Energia, Assistência Social e Mesa), criando então o Bolsa Família. Ficaram, dessa forma, sob gestão do Mesa (transformado, em 2004, no Ministério do Desenvolvimento Social e Combate à Fome) o Auxílio Gás (último programa criado pelo governo Fernando Henrique Cardoso), o Bolsa Escola, o Bolsa Alimentação e o cartão-alimentação (introduzido, como já citamos, pelo Projeto Fome Zero, em sua fase inicial).

A argumentação para a unificação dos programas foi a de facilitar sua operacionalidade na criação de um cadastro único das famílias em situação de vulnerabilidade, ou seja, de pobreza e desnutrição, além do que a unificação, segundo seus defensores, representaria economia de mais de 500 milhões de reais anuais, despendidos na manutenção de pessoal envolvido no gerenciamento dos programas que existiam de forma independente e de outras despesas a eles vinculados.

O Bolsa Família, do governo federal, é, assim, um programa de transferência de renda dedicado a famílias em situação de pobreza (rendimento familiar *per capita* mensal entre R$ 70,01 e R$ 140,00) e àquelas em situação de extrema pobreza (rendimento familiar *per capita* mensal até R$ 70,00).

Entre 2003 e 2012, sua abrangência foi significativamente ampliada: de 3,6 milhões de famílias beneficiadas pelo programa em 2003, passou a atingir 13,7 milhões de famílias em 2012, que receberam de transferência de renda um valor mensal médio de R$ 149,88.

A presidente Dilma Roussef, que sucedeu o presidente Lula em 2011, deu continuidade ao programa social e ampliou-o. Em junho de 2011, anunciou o programa social Brasil Sem Miséria, cujo objetivo é retirar da pobreza extrema 16,2 milhões de brasileiros que ainda não foram cobertos pelo Bolsa Família, segundo cálculos do MDS. Em maio de 2012, foi anunciado pela presidente outro programa social, o Brasil Carinhoso – complementar ao Brasil Sem Miséria –, destinado a beneficiar cerca de 2 milhões de famílias com crianças de 0 a 6 anos de idade que se encontram em situação de extrema pobreza. Tal programa, além de transferir renda, tem por objetivo ampliar o acesso à creche, à pré-escola e à saúde.

Os programas sociais, em contrapartida, estabeleceram condicionalidades para as famílias beneficiadas. Elas precisam cumprir certas condições ou obrigações para continuar a receber o benefício de transferência de renda.

Na educação, todas as crianças e adolescentes entre 6 e 15 anos devem estar matriculados na escola e possuir frequência mínima de 85% da carga horária; e os adolescentes entre 16 e 17 anos, 75%.

Na área de saúde, as famílias têm o compromisso de manter o cartão de vacinação de seus filhos em dia; as gestantes devem fazer o pré-natal; e as nutrizes (mulheres que amamentam ou lactantes) devem fazer o acompanhamento da própria saúde e da dos seus bebês.

As ações emergenciais foram implantadas. E, segundo o Mesa, superaram as metas previstas. Já as ações estruturais ficaram em segundo plano. É o caso da reforma agrária, que esbarra em interesses de grupos que historicamente nunca se mostraram permeáveis à mudança. Restam, entre outros grandes desafios, a geração de empregos e a mudança do modelo econômico perverso, responsável pela brutal exclusão social que ocorre no Brasil.

Segundo dados governamentais, entre 2003 e 2009 aproximadamente 28 milhões de brasileiros saíram da situação de pobreza extrema ou miséria. No início de 2011, ainda existiam cerca de 29 milhões vivendo nessa situação.

Com a implantação dos programas Brasil Sem Miséria e Brasil Carinhoso, a pobreza absoluta foi reduzida drasticamente, faltando, no início de 2013, que apenas cerca de 2,5 milhões de brasileiros saiam dessa situação, segundo cálculos governamentais.

Transcorridos dez anos da implantação do Bolsa Família, observa--se que ele não foi um programa emancipatório, mas que criou dependências. Famílias não encontraram "a porta de saída" ou não conseguiram "andar com as próprias pernas", no sentido de produzir a sua própria renda e obter autonomia. Isso porque as medidas assistencialistas não foram acompanhadas pelas necessárias reformas estruturais, como, aliás, foram preconizadas no projeto Fome Zero. Há, em verdade, combate à pobreza extrema ou miséria, mas não aos fatores responsáveis pela brutal desigualdade social ainda existente no Brasil.

Outra crítica que pode ser feita ao Bolsa Família é que esse programa de transferência de renda serve admiravelmente a propósitos eleitoreiros.

O valor da linha de pobreza extrema

O parâmetro empregado pelos programas sociais de 70 reais de rendimento *per capita* familiar para fixar a linha de pobreza extrema foi o adotado pela ONU. Essa organização considera a renda de 1,25 dólar por dia, por pessoa, o que corresponde, aproximadamente, a 70 reais por mês (rendimento *per capita* familiar), que, segundo especialistas, é um patamar muito baixo. Esse valor não possibilita às famílias comprar as porções de alimentos recomendadas pelo Guia Alimentar da População Brasileira[49], do Ministério da Saúde, cujo valor é de 103 reais, não considerando a variação de preços dos alimentos de acordo com as localidades e regiões[50]. Diante disso, há a necessidade que o valor em reais para se estabelecer a linha de pobreza extrema seja aumentado

---

49 Disponível em: <http://189.28.128.100/nutricao/docs/geral/guia_alimentar_bolso.pdf>. Acesso em: 21 mar. 2013.

50 Magalhães, João Carlos; Nublat, Iohanna. Renda para sair da miséria não paga nem dieta básica. *Folha de S. Paulo*, 10 mar. 2013, p. A6.

para se ter a real dimensão da pobreza no Brasil. Caso isso fosse adotado, o contingente de pessoas em situação de extrema pobreza no Brasil cresceria de forma significativa nas estatísticas de indicadores sociais.

A saída da situação da pobreza extrema não implica apenas atender às necessidades mínimas de alimentação. Não é uma questão apenas monetária. O ser humano precisa ter acesso à educação, à saúde, à moradia, ao emprego e, sobretudo, ter renda de modo que possa se autofinanciar ou superar a miséria de forma sustentável.

Mas, por outro lado, não se pode negar que os programas sociais implantados nos últimos anos – sem precedentes na história do país – atingiram metas importantes. Reduziram a fome e provavelmente poderão alavancar novos programas sociais e econômicos com metas voltadas para a superação de uma estrutura social, econômica e política que ainda condena milhões de brasileiros à exclusão social.

Bibliografia

ALVES, José Jakson Amancio. *Uma leitura geográfica da fome com Josué de Castro*. In: *Rev. geogr. Norte Gd*. n.38. Santiago dic. 2007. Disponível em: <www.scielo.cl/scielo.php?pid=S0718-34022007000200001&script=sci_arttext>. Acesso em: 7 abr. 2014.

AMARAL, F. Pompêo do. *Discriminação e mistificação em alimentação*: a FAO, a OMS etc. contra os povos subdesenvolvidos! São Paulo: Alfa-Ômega, 1986. (Coleção Atualidade).

ANDRADE, Manuel Correia de. *Latifúndio e reforma agrária no Brasil*. São Paulo: Duas Cidades, 1980.

BARNET, Richard J.; MÜLLER, Ronald E. *Poder global*. Rio de Janeiro: Record, 1974.

BERTRAND, Jean-Pierre; LAURENT, Catherine; LECLERCQ. *O mundo da soja*. São Paulo: Hucitec/Edusp, 1987.

BETTO, Frei. A fome como questão política. *Estudos Avançados*, v. 17, n. 48. São Paulo: Instituto de Estudos Avançados da Universidade de São Paulo, maio/ago. 2003.

BRASIL. Ministério do Desenvolvimento Social e Combate à Fome. *Fome Zero*: Uma História Brasileira. Brasília, DF: MDS, Assessoria Fome Zero, V. 1, 2 e 3, 2010. Disponível em: <www.mds.gov.br/segurancaalimentar/publicacoes%20sisan/livros/fome-zero-2013-uma-historia-brasileira-2013-volumes-1-2-e-3/fome-zero-2013-uma-historia-brasileira-2013-volumes-1-2-e-3>. Acesso em: 7 abr. 2014.

BUENO, Ricardo.*Por que faltam alimentos no Brasil?* Reforma agrária, já! Petrópolis: Vozes, 1985.

BUARQUE, Cristovam. *A segunda abolição*: um manifesto-proposta para a erradicação da pobreza no Brasil. São Paulo: Paz e Terra, 1999.

CAMPOS, André et al. (orgs.). *Atlas da exclusão social no Brasil*: dinâmica e manifestação territorial. v. 2. São Paulo: Cortez, 2003.

CASTRO, Anna Maria de (org.). *Fome, um tema proibido*: últimos escritos de Josué de Castro. Petrópolis: Vozes, 1983.

CASTRO, Josué de. *Geografia da fome*. Rio de Janeiro: Civilização Brasileira, 2002.

__________. *Geopolítica da fome*. 6. ed. Rio de Janeiro: Civilização Brasileira, 1961.

__________. *O livro negro da fome*. São Paulo: Brasiliense, 1960.

COGGIOLA, Osvaldo. *Fome, capitalismo, e programas sociais compensatórios*: histórico e análise comparada da experiência brasileira. Disponível em: <d.yimg.com/kq/groups/1163516/1890314512/name/OC+PBF.pdf>. Acesso em: 7 abr. 2014.

CUNILL, Pedro. *A América Andina*. São Paulo: Difusão Europeia do Livro, 1968. (Coleção Terras e Povos).

DIEGUES JÚNIOR, Manuel. *Etnias e culturas no Brasil*. Rio de Janeiro: Paralelo/ INL, 1972.

DOWBOR, Ladislau. *A formação do Terceiro Mundo*. São Paulo: Brasiliense, 1981. (Tudo é História).

DUMONT, René. *Um mundo intolerável*: o liberalismo em questão. Rio de Janeiro: Revan, 1989.

ENCICLOPÉDIA DO MUNDO CONTEMPORÂNEO. São Paulo: Publifolha; Rio de Janeiro: Terceiro Milênio, 1999.

FURTADO, Celso. *Em busca de novo modelo*: reflexões sobre a crise contemporânea. São Paulo: Paz e Terra, 2002.

FAO. *The State of Food Insecurity in the World*: Economic growth is necessary but not sufficient to accelerate reduction of hunger and malnutrition. Roma: FAO, 2012.

GEORGE, Susan. *O mercado da fome*: as verdadeiras razões da fome no mundo. Rio de Janeiro: Paz e Terra, 1978.

GOHN, Maria da Glória Marcondes. *Os sem-terras, ONGs e cidadania*: a sociedade civil brasileira na era da globalização. São Paulo: Cortez, 1997.

GONÇALVES, Lucia Aparecida Marques Bezerra. *Biotecnologia na superação da fome e da pobreza*. São Paulo: Biblioteca 24 horas, 2009.

GRAZIANO NETO, Francisco. *Qual reforma agrária?* Terra, pobreza e cidadania. São Paulo: Geração Editorial, 1996.

__________. *Questão agrária e ecologia*: crítica da moderna agricultura. São Paulo: Brasiliense, 1986.

GUIMARÃES, Alberto Passos. *A crise agrária*. Rio de Janeiro: Paz e Terra, 1979.

HENRIQUES, Ricardo (org.). *Desigualdade e pobreza no Brasil*. Rio de Janeiro: IPEA, 2000.

HIRAI, Wanda Griep. *Segurança alimentar em tempos de (in)sustentabilidades produzidas*. São Paulo: Paco Editorial, 2011.

HOFFMANN, Rodolfo. Pobreza, insegurança alimentar e desnutrição no Brasil. *Revista de Estudos Avançados da Universidade de São Paulo*, v. 9, n. 24. São Paulo: Instituto de Estudos Avançados da Universidade de São Paulo, maio/ago. 1995.

IBGE. *Pesquisa nacional por amostra de domicílios*: síntese de indicadores 2011. Rio de Janeiro: IBGE, 2012.

IPEA et al. A Segurança Alimentar e Nutricional e o Direito Humano à Alimentação no Brasil. Brasília: IPEA, maio 2002.

INSTITUTO CIDADANIA. *Projeto Fome Zero*: uma proposta de segurança alimentar para o Brasil. São Paulo: Fundação Djalma Guimarães, 2001.

LIMA SOBRINHO, Antônio Estevam de. *Fome, agricultura e política no Brasil*: a chantagem alimentar. Petrópolis: Vozes, 1981.

LUTZENBERGER, José. *Ecologia: do jardim ao poder*. Porto Alegre, L&PM, 1985.

__________. *Fim do futuro?* Manifesto ecológico brasileiro. Porto Alegre: Movimento/ UFRGS, 1980.

MADELEY, John. *O comércio da fome*. Petrópolis: Vozes, 2003.

MAGALHÃES, João Carlos; Nublat, Iohanna. Renda para sair da miséria não paga nem dieta básica. *Folha de S. Paulo*, 10 mar. 2013, Poder A6.

MAGALHÃES, Rosana. *Fome* versus *desenvolvimento*: (des)cobrindo horizontes. Disponível em: <books.scielo.org/id/3mr2s/pdf/magalhaes-9788575413968-05.pdf>. Acesso em: 7 abr. 2014.

MEDEIROS, Leonilde Servolo de. *Reforma agrária no Brasil*: história e atividade da luta pela terra. São Paulo: Fundação Perseu Abramo, 2003.

MELO, Fernando Homem de. *O problema alimentar no Brasil*: a importância dos desequilíbrios tecnológicos. Rio de Janeiro: Paz e Terra, 1983.

MINAYO, Maria Cecília de Souza (org.). *Raízes da fome*. Petrópolis: Vozes/ Ibase, 1985.

MONTEIRO, Carlos Augusto (org.). *Velhos e novos males da saúde no Brasil*: a evolução do país e de suas doenças. São Paulo: Hucitec, Nupens/USP, 1995.

__________. A dimensão da pobreza, da desnutrição e da fome no Brasil. *Estudos Avançados*, v. 17, n. 48. São Paulo: Instituto de Estudos Avançados da Universidade de São Paulo, maio/ago. 2003.

MÜLLER, Geraldo. *Complexo agroindustrial e modernização agrária*. São Paulo: Hucitec/ Educ, 1989. (Estudos Rurais)

NASCIMENTO, Renato Carvalheira do. *Três Combates da Fome no Brasil*: Josué de Castro, Betinho e Dom Hélder Câmara. Disponível em: <www.alasru.org/wp-content/uploads/2011/09/GT27-RENATO_CARVALHEIRA.pdf>. Acesso em: 7 abr. 2014.

OLIVEIRA, Ariovaldo Umbelino de. A longa marcha do campesinato brasileiro: movimentos sociais, conflitos e reforma agrária. In: *Revista de Estudos Avançados*, v. 15, nº 43. São Paulo: Instituto de Estudos Avançados da Universidade de São Paulo, dez. 2001.

__________. *A política de reforma agrária no Brasil*. Disponível em: <www.landaction.org/spip.php?article529&lang=pt_br>. Acesso em: 14 jan. 2014.

OMS. *Iodine status worldwide WHO*: Global Database on Iodine Deficiency. Genebra: OMS, 2004.

ORTEGA, Antonio Cesar; NIEMEYER, Almeida Filho. *Desenvolvimento territorial, segurança alimentar e economia solidária*. Campinas: Alínea, 2007.

PANIKKAR, K. M. *A dominação ocidental na Ásia*: do século XV aos nossos dias. Rio de Janeiro: Saga, 1965.

PELIANO, Anna Maria. O mapa da fome: indicadores sobre a indigência no Brasil (classificação absoluta e relativa por municípios). *Documento de política*, n. 17. Brasília: Ipea, 1993.

__________ (coord.). O mapa da fome: subsídios à formulação de uma política de segurança alimentar. *Documento de política*, n. 14. Brasília: Ipea, 1993.

__________ (coord.). *Plano de combate à fome e à miséria*: princípios, prioridades e mapas das ações do governo. Brasília: Ipea, 1993.

PETRICH, Perla. Homem de milho, homens de carne. *Correio da Unesco*, ano 15, n.7, jul. 1987.

POCHMANN, Marcio e AMORIM, Ricardo (orgs.). *Atlas da exclusão social no Brasil*. São Paulo, Cortez, 2003.

RATTNER, Henrique. Globalização: em direção a um mundo só? *Revista de Estudos Avançados*, v. 9, n. 25. São Paulo: Instituto de Estudos Avançados da Universidade de São Paulo, set./dez. 1995.

RICUPERO, Rubens. *A Alca*. Publifolha, 2003. (*Folha* Explica).

ROCHA, Sônia. *Pobreza no Brasil*: afinal de que se trata? Rio de Janeiro: FGV, 2003.

SANTOS, Manoel José dos. Projeto alternativo do desenvolvimento rural sustentável. In: *Estudos Avançados*, v. 15, n. 43. São Paulo: Instituto de Estudos Avançados da Universidade de São Paulo, set./dez. 2001. p. 225-38.

SAWAYA, Ana Lydia et al. Os dois Brasis: quem são, onde estão e como vivem os pobres brasileiros. In: *Estudos Avançados*, v. 17, n. 48. São Paulo: Instituto de Estudos Avançados da Universidade de São Paulo, maio/ago. 2003.

SILVA, José F. Graziano da (coord.). *Estrutura agrária e produção de subsistência na agricultura brasileira*. São Paulo: Hucitec, 1978. (Estudos Rurais).

SINGER, Paul Israel. *Dinâmica populacional e desenvolvimento:* o papel do crescimento populacional no desenvolvimento econômico. São Paulo: Cebrap, 1970.

SOARES, Laura Tavares. *O desastre social.* Rio de Janeiro: Record, 2003.

STÉDILE, João Pedro. *A questão agrária no Brasil.* São Paulo: Atual, 1997.

______; FERNANDES, Bernardo Maçano. *Brava gente:* a trajetória do MST e a luta pela terra no Brasil. São Paulo: Fundação Perseu Abramo, 2001.

SZMRECSÁNYL, Tamás. *Pequena história da agricultura no Brasil.* São Paulo: Contexto, 1990.

TAKAGI, Maya; SILVA, José Graziano da; BELIK, Walter (orgs). *Combate à fome e à pobreza rural.* São Paulo: Instituto Cidadania, 2002.

TOSCANI, Oliviero. *A publicidade é um cadáver que nos sorri.* Rio de Janeiro: Ediouro, 1996.

UNICEF. *Situação Mundial da Infância 2012:* Crianças em um Mundo Urbano. Nova York: Unicef, 2012.

______. Indicadores de nutrição. Disponível em: <www.unicef.org.br>. Acesso em: 13 jan. 2014.

USP. Biblioteca Virtual de Direitos Humanos. *Declaração dos Direitos da Criança – 1959.* Disponível em: <http://www.direitoshumanos.usp.br/index.php/Crian%C3%A7a/declaracao-dos-direitos-da-crianca.html>. Acesso em: 14 jan. 2014.

VALENTE, Flávio Luiz Schieck (org.). *Direito humano à alimentação:* desafios e conquistas. São Paulo: Cortez, 2002.

VATICANO. Pontifício Conselho Cor Unum. *A fome no mundo:* um desafio para todos: o desenvolvimento solidário. Disponível em: <www.vatican.va/roman_curia/pontifical_councils/corunum/documents/rc_pc_corunum_doc_04101996_world-hunger_po.html>. Acesso em: 7 abr. 2014.

VEIGA, José Eli da. *A face rural do desenvolvimento:* natureza, território e agricultura. Porto Alegre: UFRGS, 2000.

VELLOSO, João Paulo dos Reis; ALBUQUERQUE, Roberto Cavalcanti de (orgs). *A nova geografia da fome e da pobreza.* Rio de Janeiro: José Olympio, 2004.

WILKISON, John. *O futuro do sistema alimentar.* São Paulo: Hucitec, 1989. (Estudos Rurais).

YACINE, Kateb apud AGARWAL, Anil. Fome, população, ambiente. *Correio da Unesco,* ano 10, n. 10 e 11, out./nov. 1982.

ZIEGLER, Jean. *A fome no mundo explicada a meu filho.* Rio de Janeiro: Vozes, 2002.